経営学へのご招待

髙木直人　編著

五絃舎

はじめに

　このテキストは経営学を学ぼうとする学生や社会人を対象に作成致しました。特に、「経営学に関心を持ってもらうにはどのようにすればよいのか」「経営学を学ぶことで初めて実感できる素晴らしさを理解してもらうにはどうすればいいのか」などを念頭に置きながら、できる限り読みやすいテキストとなるように努めました。

　このテキストでは、経営学の研究対象を企業としています。企業は利益を上げるために行う企業活動に必要不可欠な経営資源（ヒト、モノ、カネ、情報）が、いかに効率的かつ有効に活用されているのかを分かりやすく描写するように配慮しました。はじめて経営学を学ばれる方を対象にしておりますが、平易になりすぎることのないように一定水準以上の内容を確保することで各分野に詳しい方も読み応えがあるように致しました。

　経営学に関心を持って頂くことが本テキストのテーマです。「第1講　経営学の登場」「第2講　経営学説」「第3講　組織風土と組織文化」「第4講　企業」「第5講　日本的経営」「第6講　経営組織」「第7講　経営戦略」「第8講　マーケティング」「第9講　生産管理」「第10講　商業の生成と発展」「第11講　流通産業」「第12講　人的資源管理」「第13講　キャリアデザイン」「第14講　企業とキャッシュ・フロー」「第15講　ケース・メソッド」で各論を詳説構成しております。資料としてケースも付けさせていただきました。

　語句の統一が不十分なことを含め、行き届かない点も多々ありますが更なる改定を重ねることで精緻化することでお許し願いたいと存じます。

最後に、編者の企画趣旨に賛同頂き貴重な原稿をお寄せ頂いた諸先生と、企画段階から多面的にご支援を頂いた五絃舎の長谷雅春社長に厚く感謝を申し上げます。

2017年8月

髙木　直人

目　次

第1講　経営学の登場 — 1
1. 大規模工場制工業の出現 — 1
2. 新しい管理方法の出現 — 2
3. 経営と管理 — 4
4. その他の研究者 — 5

第2講　経営学説 — 9
1. 経営の主要な学説の要点と整理 — 9
2. テイラーの科学的管理法 — 9
3. メイヨーとレスリスバーガーの人間関係論 — 10
4. アージリスの人と組織の理論 — 12
5. マグレガーのXY理論 — 13
6. ハーズバーグの職務満足理論 — 14
7. リッカートの4つの管理システム — 15
8. バーナードの協働理論 — 16
9. サイモンの意思決定論 — 17

第3講　組織風土と組織文化 — 21
1. 大企業組織と中小企業組織の特徴 — 21
2. 組織風土と組織文化 — 22
3. 組織風土 — 23
4. 組織文化 — 23
5. 組織風土とコンプライアンス — 24

  6. 管理者の役割 ———————————————————— 26
  7. 組織風土とモチベーション ——————————————— 27

第4講　企業（株式会社・中小企業含む） ——————————— 31
  1. 企業の目的 —————————————————————— 31
  2. 企業の社会的責任 ——————————————————— 32
  3. 企業の形態 —————————————————————— 33
  4. 企業の目的と責任 ——————————————————— 38

第5講　日本的経営 ————————————————————— 41
  1. 日本的経営とは ———————————————————— 41
  2. 日本的経営の変容 ——————————————————— 45
  3. 新たな人材マネジメント ———————————————— 47

第6講　経営組織 —————————————————————— 53
  1. 組織とは ——————————————————————— 53
  2. 組織とバーナード理論 ————————————————— 53
  3. 組織の諸形態 ————————————————————— 55
  4. 組織への参加 ————————————————————— 60
  5. 組織と個人の価値観 —————————————————— 61

第7講　経営戦略 —————————————————————— 65
  1. 目的や階層ごとの経営戦略 ——————————————— 65
  2. 経営戦略のための手法 ————————————————— 67
  3. SWOT分析 —————————————————————— 69
  4. PPM（プロダクト・ポートフォリオ・マネジメント）————— 69
  5. M&A ————————————————————————— 72
  6. ABC分析 ——————————————————————— 73

7. さらなる学びへ ―――――――――――――――――― 73

第8講　マーケティング ――――――――――――――― 75
1. マーケティングの理解 ――――――――――――――― 75
2. マーケティング・プランの策定 ―――――――――――― 78
3. マーケティング・ミックスの策定 ――――――――――― 80
4. マーケティングの概念と役割りの変化 ―――――――――― 85

第9講　生産管理 ――――――――――――――――― 87
1. 生産管理の目的 ――――――――――――――――― 87
2. 品質管理 ―――――――――――――――――― 92
3. 生産管理とは ―――――――――――――――――― 96

第10講　商業の生成と発展 ―――――――――――――― 97
1. 交換と商業 ―――――――――――――――――― 97
2. 商業の内部編成 ――――――――――――――――― 100
3. 流通の再編成 ―――――――――――――――――― 105

第11講　流通産業 ―――――――――――――――― 109
1. 流通産業 ――――――――――――――――――― 109
2. 百貨店の誕生 ―――――――――――――――――― 110
3. スーパーマーケットの誕生 ――――――――――――― 112
4. スーパーマーケットからショッピングセンターへ ―――――― 115
5. コンビニエンス・ストアの生成と発展 ――――――――――― 116

第12講　人的資源管理 ――――――――――――――― 121
1. 企業は人なり ―――――――――――――――――― 121
2. 人的資源管理が重要な理由 ――――――――――――― 121

   3. 人的資源管理とは —————————————— 122
   4. 人材と労働意欲 ——————————————— 123
   5. 雇用管理 —————————————————— 125
   6. 能力開発の諸制度 —————————————— 130
   7. 4つの人間モデル —————————————— 132

第13講 キャリアデザイン ————————————— 135
   1. キャリアとは ———————————————— 135
   2. キャリア開発からキャリアデザインへ ————— 137
   3. キャリア理論とその適用 —————————— 138
   4. これからのキャリアデザイン ———————— 143

第14講 企業とキャッシュ・フロー ——————————— 145
   1. 「儲け」とキャッシュ・フロー ————————— 145
   2. 儲けとは何か ———————————————— 145
   3. 決算書とは何か ——————————————— 146
   4. 企業のキャッシュ・フロー活動 ———————— 148
   5. 利益の計算方法 ——————————————— 150
   6. 新たな基本財務諸表の一つ —————————— 153

第15講 ケース・メソッド ———————————————— 157
   1. ケース・メソッド教育について ———————— 157
   2. ケース・メソッド教育の必要性 ———————— 157
   3. ケース・メソッド教育で重視すること ————— 159
   4. ケース・メソッド教育の進め方 ———————— 159
   5. ケース・メソッド教育から学ぶこと —————— 160

資料：ケース—職場の人間関係問題を中心に— ——————— 163

第1講　経営学の登場

1. 大規模工場制工業の出現

　人類が歩んできた歴史を振り返ってみても、工業化社会は比較的最近に起こっている。それは、産業革命によって、大規模工場制工業が18世紀後半イギリスで誕生したことがきっかけである。また、この産業革命が約100年で世界各地に広まり、19世紀末には、フランス、ドイツ、アメリカ、日本でほぼ完成をみることになる。日本は、明治維新から約30年という期間で産業革命を実現し、欧米の先進国にキャッチアップした唯一の国である。

　ガーシェンクロンの相対的後進仮説によると、先進国と後進国の技術格差が大きいほど、その後の後進国の経済成長のスピードは速いとしている。日本の産業革命は、ガーシェンクロンの相対的後進仮説が示した典型的なケースでもある。

　産業革命による大規模工場制工業における生産の機械化が、それまでの手工業的生産方法に大きな影響を与え、それは、従来の管理方法や制度を大きく変化させることとなった。

　初期の経営学は、この産業革命を期に出現し、イギリスで芽生える。すなわち、大規模工場制工業の出現こそが、経営学の発展が本格的に始まる歴史的基盤である。

　また、大規模工場制工業の出現によって、生産の主導権が熟練工から機械へと移り変わった。それは、生産の機械化によって、仕事の専門化が進み、更に、工業製品の大量生産も可能とすることになった。

そもそも、大規模工場制工業が出現する以前は、家族経営の工場により運営されていた小規模制手工業が中核であり、その状況で必要とされていた管理方法や制度は、ごく単純なものであった。

しかし、産業革命による急速な大規模工場制工業の発展によって、従来の経営の管理方法や制度では対応不可能な事態となった。

2. 新しい管理方法の出現

産業革命の影響によって、19世紀後半から20世紀前半にかけて、イギリスやアメリカにおいては、「生産性の向上」や「管理の科学化」の要請に応える必要から、従来の管理方法や制度とは全く異なった新しい管理方法が生まれた。

新しい管理方法や制度について最初に必ず確認しておかなければならない人物は、アダム・スミス (Adam Smith,1723-1790) とチャールズ・バベッジ (Charles Babbage, 1791-1871) の二人であり、彼らが取り上げた分業論をみてみる。

イギリスの経済学者であるスミスは「近代経済学の父」と呼ばれ、『国富論(1776)』を発表し、現代の経済に多大な影響を与えた人物である。彼は、「分業の重要性」はそれにより労働生産性が上昇し、経済全体が豊かになると論じている。

例えば、パンを作って販売することを念頭において分業せずに各個人が1人で商品を作って、それを製粉して、パンを焼きあげるとなると、かなり大変である。それよりも小麦を作る人、製粉する人、パンを焼く人、それぞれの生産過程を分業すれば効率よく作業できることになる。ここで重要なのは、分業過程において、各人が社会的効率を考えて行動している訳ではないことである。

また、スミスは分業の利点として、「同一行程がたえずくり返され技能が向上する」「一つの仕事から他の仕事に移る際に生ずる時間のロスが節約される」「分業によって作業が単純化され、工具や機械の改良が生まれる」という3つをあげている。

バベッジは、「コンピュータの父」と言われることもあり、そもそも数学者

で、世界で初めて「プログラム可能」な計算機を考案した人物である。『国富論』が発表されて約50年後に、バベッジの著書である『機械化と工業化がもたらす経済効果（1835）』で、仕事を分業することの効果を論じている。熟練した賃金の高い労働者は、常にスキルを最大限に発揮しているわけではない。その仕事を分業して複数の労働者を雇えば、スキルを要する仕事だけを熟練した労働者に割り当て、他の比較的簡単な仕事は別の熟練していない労働者に割り当てることができ、全体として労働コストの削減になるというものである。

バベッジはすでに、作業分析、時間測定、コストの問題を考え、更には、作業の単純化と専門化まで考えていた。この考えは、フレデリック・ウィンズロー・テイラー（Frederick Winslow Taylor,1856-1915）の科学的管理法が登場する前に生み出されている。

また、ロバート・オウエン（Robert Owen,1771-1858）は、1813年に出版した『社会に関する新見解（1813）』で、分業体制は矛盾を生み出すことに関心をもち、この問題を解決するには、国民教育制度を導入することを述べている。

オウエンにとって分業体制は、人びとに平等の富を与えて自由に生きることを可能にするというよりも、更に貧富の差を拡大させるものとして考えられていた。彼がこのように考えていたのは、社会主義はフランス革命以降、すでにひとつの思想として成立していたからでもある。

オウエンがもっとも関心をもっていたことは、手工場的生産と違い、大規模工場制工業における生産の機械化では労働者が特殊な技能を必要としない点であり、労働者たちは、機械の操作ができればよいとされていたことである。

オウエンは、手工場的生産から大規模工場制工業における生産の機械化へと分業の形態が変わっていくにつれて、社会に悪徳と不道徳が広がり、この問題を解決することが「よい社会」を実現するためには必要であり、そのための方法が教育であると考えたのである。そのような考えから、1819年には紡績工場法の制定に力を入れ、9歳以下の労働の禁止と16歳以下の少年工の労働時間を12時間以内という制限を実現させている。

また、オウエンは、労働者の環境条件が職務にも影響を与えるとの考えをす

でにもっていた人物でもあった。すなわち、約100年後に登場するメイヨーの人間関係論の考えとも共通する部分がすでに芽生えていたこととなる。

3. 経営と管理

　テイラーの科学的管理法の出現は、経営学に多大な影響を与えた。特に、経営と管理の問題について、科学化を導入することによって、従来の限られた管理者に限ることなく、一定の訓練を受けた者であれば管理を行うことができる状況を作った。

　すなわち、テイラーの科学的管理法が世に広まったことによって、新しい管理方法や制度が生まれた。そこで、「古典派」、「新古典派」、「近代派」を代表する人物について簡単な説明をする。

　テイラーは、科学的管理法を世に発表した人物である。特に、人間の「作業」について注目し、「課業」による管理を行うために、「大きな一日の課業を設定」「標準条件を設定」「成功に対する高い給料を設定」「失敗には損失を設定」の四つの基本原則を導入し、従来の経営者の経験や勘に頼った成行管理から発生した、労働者の組織的怠業への解決に取組んでいる。なお、テイラーに関しては、第10章に詳しく書かれている。代表的な著書として、『科学的管理法の原則（1969）』（翻訳、産業能率大学出版）がある。

　エルトン・メイヨー（George Elton Mayo,1880-1949）は、ホーソン工場での実験で、物理的作業条件と作業能率との間に、労働者の感情や意欲といった主観的な態度があり、これが大きく影響していることを発見した。この主観的な態度は、自然的発生的に生じる非公式集団（インフォーマル）の影響を受け、この集団が大規模である場合は、更に、大きな影響力をもつことについても説明している。すなわち、人間の「行動」について注目し、人間の心理的側面と内面的側面を重要視した新たな組織理論と管理論の必要性から、経営者が労働者を管理する場合、労働者の生産性の向上と感情の理論が大きくかかわっていると論じた。代表的な著書として、『ホーソン・リサーチと人間関係論（1978）』

(翻訳、産業能率短期大学出版部) がある。

　チェスター・バーナード（Chester Irving Barnard, 1886-1961）は、組織はどのような状況でできるのかを示し、「人間は自由な意思をもち、自由に行動する」との考えから組織の理論を組み立てている。バーナードの考えでは、「二人以上の人が集まった集団を組織」と定義し、組織ができ上がるための三要素として、「共通目的」「貢献意欲」「コミュニケーション」を挙げている。現在でも、組織を説明するためにもっともよく利用されている。なお、バーナードに関しては、第5章に詳しく書かれている。代表的な著書として、『新訳 経営者の役割（1968）』（翻訳、ダイヤモンド社）がある。

4. その他の研究者

　ここまでに紹介をしている人物以外にも研究者は多数いる。上節でも簡単な人物紹介はしたが、経営学を学ぶ上で更に知っておくべき人物を簡潔に紹介する。
　古典派のその他の代表としては、ファヨールとフォードである。
　アンリ・ファヨール（Henri Fayol, 1841- 1925）は、『産業ならびに一般の管理（1916）』（翻訳、未来社）で、企業の経営には管理がもっとも重要であると指摘し、管理論の研究や普及に大きな影響を与えている。テイラーと同時期に管理法について考えていたが、特に交流はなかったとされている。著書として、『経営改革論（1989）』（翻訳、文眞堂）がある。
　ヘンリー・フォード（Henry Ford,1863-1947）は、フォード・システムと呼ばれる、「大量生産」を可能にするための、「標準化」と「移動組立法（ベルト・コンベア・システム）」という生産システムを考案した。特に、T型フォードの成功によって、車を金持ちの遊び道具から、大衆の足へと位置づけたのである。代表的な著書として、『フォード経営（1968）』（翻訳、東洋経済新報社）がある。
　新古典派のその他の代表としては、レスリスバーガー、マズロー、マグレガー、アージリス、ハーズバーグとリッカートである。
　レスリスバーガー（Fritz Jules Roethlisberger,1898-1974）は、メイヨーの愛

弟子で、ホーソン実験を行った重要人物でもある。特に、作業能率とモラールの関係を示した。代表的な著書として、『経営と勤労意欲（1954）』(翻訳、ダイヤモンド社)がある。

アブラハム・マズロー (Abraham Harold Maslow,1908-1970) は、人間の欲求を、第1「生理的欲求」、第2「安全欲求」、第3「社会的欲求」、第4「尊厳欲求（承認欲求）、」第5「自己実現欲求」の5段階に示し、低階層の欲求が充たされると、より高次の階層の欲求を欲すると考えた。著書として、『人間性の心理学（1971）』(翻訳、産能大出版部)がある。

ダグラス・マグレガー (Douglas Murray McGregor,1906-1964) は、「人間は生来怠け者で、強制され命令されなければ仕事をしないとするX理論」と、「生まれながらに嫌いということはなく、条件次第で責任を受け入れ、自ら進んで責任を取ろうとするY理論」を構築している。代表的な著書として、『企業の人間的側面 ― 統合と自己統制による経営（1966）』(翻訳、産能大出版部)がある。

クリス・アージリス (Chris Argyris,1923-) は、人間は成熟度に応じて、それぞれ成長の方向に向かい、自らの欲求を表明し、労働の過程で自己実現を目指す「自己実現人」であると仮定し、組織の中の人間行動を説明した。代表的な著書として、『新訳　組織とパーソナリティーシステムと個人との葛藤（1966）』(翻訳、日本能率協会)がある。

フレデリック・ハーズバーグ (Frederick Herzberg, 1923-2000) は、人間には2種類の欲求があり、苦痛を避けようとする動物的な欲求と、心理的に成長しようとする人間的欲求という別々の欲求があるとし、「満足」に関わる要因（動機付け要因）と「不満足」に関わる要因（衛生要因）は別のものであるとする考え方である。代表的な著書として、『仕事と人間性　動機づけ―衛生理論の新展開（1981）』(翻訳、東洋経済新報社)がある。

レンシス・リッカート (Rensis Likert,1903-1981) は、組織をシステムとして捉え、リーダーシップに関わる管理システムを、「システム1：権威主義・専制型」、「システム2：温情・専制型」、「システム3：参画協調型」、「システム4：民主主義型」と4つに分類し規定した。特に、民主主義型のシステム4

を採用している経営組織の業績がもっとも高いとしている。代表的な著書として、『経営の行動科学（1964）』（翻訳、ダイヤモンド社）がある。

近代派のその他の代表としては、サイモンである。

ハーバード・サイモン（Herbert Alexander Simon,1916 - 2001）は、1978年にノーベル経済学賞を受賞した人物でもある。企業活動にとって最も重要な事は意志の決定であるとしている。そして、意志決定はどう行われているかを研究している。ただし、完璧な意志決定をできる経営者は存在しないことを説明し、完璧な意思決定ではなく、意志決定の合理性を高めることを主張している。代表的な著書として、『経営行動（1965）』（ダイヤモンド社）がある。

さらに学びたい人へ

今後、経営学にさらなる関心を持つこととなった場合、以下で紹介する著書を読まれることを薦める。

ガーシェンクロン著、絵所秀紀ほか訳『後発工業国の経済史：キャッチアップ型工業化論』ミネルヴァ書房、2005年。
アダム・スミス著、高哲男訳『道徳感情論』講談社学術文庫、2013年。
堂目卓生著『アダム・スミス：『道徳感情論』と『国富論』の世界』中央公論新社、2008年。
水田洋著『アダム・スミス（自由主義とは何か）』講談社学術文庫、1997年。
新戸雅章著、『バベッジのコンピュータ』筑摩書房、1996年。
テイラー著、上野陽一訳・編『科学的管理法』産業能率学短期大学出版部、1969年。
テイラー著、有賀裕子訳『新訳　科学的管理法　マネジメントの原点』ダイヤモンド社、2009年。
土方直史著『ロバート・オウエン（イギリス思想叢書）』研究社、2003年。
上野一郎著『マネジメント思想の発展系譜』日本能率協会、1976年。
北野利信編書『経営学説入門』有斐閣新書、1977年。
メイヨー著、藤田敬三・名和統一訳『アメリカ文明と労働者』大阪商科大学経済研究会、有斐閣、1951年。
メイヨー著、村本栄一訳『新訳産業文明における人間問題』日本能率協会、1967年。
桜井信行著『新版人間関係と経営者』経林書房、1971年。
進藤勝美著『ホーソン・リサーチと人間関係論』産業能率短期大学出版部、1978年。

バーナード著、山本・田杉・飯野訳『新訳　経営者の役割』ダイヤモンド社、1968年。
経営学史学会監修、佐々木恒男編著『経営史学叢書Ⅱ　ファヨール　ファヨール理論とその継承者たち』文眞堂、2011年。
アンリ・ファヨール著、佐々木恒男編訳『経営改革論』文眞堂、1989年。
ヘンリー・フォード著、豊土　栄訳『20世紀の巨人事業家　ヘンリー・フォード著作集』創英社／三省堂書店、2000年。
レスリスバーガー 著、野田 一夫・川村 欣也訳『経営と勤労意欲』ダイヤモンド社、1965年。F.J.Roethlisberger and William J.Dickson, *Management and the Worker*, New York :John Wily & Sons,1939.
マズロー著、小口忠彦訳 『改訂新版　人間性の心理学　モチベーションとパーソナリティ』産業能率大学出版、1987年。
マグレガー著、高橋達男訳『新訳版　企業の人間的側面』産業能率大学出版部、1970年。
マグレガー著、高橋達男訳『リーダーシップ』産業能率学短期大学出版部、1967年。
アージリス著、伊吹山太郎、中村実 訳『組織とパーソナリティー　システムと個人の葛藤』日本能率協会、1970年。
ハーズバーグ著、北野利信 訳『仕事と人間性―動機づけ―衛生理論の新展開』東洋経済新報社、1968年。
ハーズバーグ著、北野利信 訳『能率と人間性―絶望の時代における経営』東洋経済新報社、1978年。
リッカート著、三隅二不二訳『経営の行動科学　新しいマネジメントの探求』ダイヤモンド社、1964年。
サイモン著、二村・桑田・高尾・西脇・高柳訳『新版　経営行動　経営組織における意思決定過程の研究』ダイヤモンド社、2009年。

参考文献
岡本康雄編著『現代経営学辞典　三訂版』同文舘出版、2003年。
北野利信編『経営学説入門』有斐閣新書、1977年。
経営学史学会編『経営学の現在』文眞堂、2007年。
井原久光著『テキスト経営学［第3版］』ミネルヴァ書房、2008年。
裴富吉著『経営学講義　理論と体系』白桃書房、1993年。

第2講　経営学説

1．経営の主要な学説の要点と整理

　経営学が必要とされた理由は、産業革命による大規模な工場の出現によって、経営者と労働者がはっきりと役割を分けることになり、経営者が、労働者に一定の仕事をさせるために管理を必要とするようになったからである。

　大規模な工場における管理の考え方は、アメリカにおいて、経営学の父と呼ばれるテイラーによって登場した。労働者の工場における作業効率や生産性向上のための研究に関する取り組みの始まりである。それをきっかけに、経営者が労働者を管理する管理能力や管理技術の研究が進んだ。

　新たな管理方法として、必ず知っておかなければならない学説として、効率的な生産体制を築くことを追求したテイラー、従業員の「やる気」すなわち「動機」を追求したメイヨーとレスリスバーガー、アージリス、マグレガー、ハーズバーグ、リッカート、近代経営学の生みの親とされるバーナード、意思決定論のサイモンなどがある。

2．テイラーの科学的管理法

　19世紀末のアメリカの企業では、経験と勘を頼りとする成行管理が実施され、さらには組織的怠業が目立っていた。

　当時の経営者は、生産目標をクリアすれば高い賃金を支払うというやり方で、従業員に「やる気」をださせていた。しかし、経営者はできるだけ賃金は抑え

たく、自然とその目標を高く設定した。従業員は仕事の量が増えるだけで賃金は上がらず、目標をクリアしても返って賃率が下がる。従業員は働くと生産量が増え目標が上がる。すると、ほどほどに働けばいいと思い、みんなでゆっくり作業をするようになった。このような行為を組織的怠業と呼ぶ。

この組織的怠業の解決に乗り出したのがテイラー[1]である。テイラーは、この組織的怠業をなくすために、作業量、賃率、作業方法などを誰もが納得のいく科学的な方法で決めなければと考え、科学的管理法を提案した。

科学的管理法で中心になっているのが「課業」という考え方である。「課業」とは、1日に行う目標作業量である。この「課業」を決めるときにテイラーは、「動作研究」と「時間研究」という方法を使った。

「動作研究」によって、能率よく作業ができる標準作業方法を決め、「時間研究」によって、標準作業方法にかかる時間を計り、これを標準作業時間とした。

テイラーは、「課業」に基づいて管理する「課業管理」も進め、基本原則として、①毎日の「課業」をハイレベルに設定、②同じ作業条件、③「課業」を達成すれば高賃金、④「課業」を達成できなかったら低賃金を決めた。

当然であるが、「課業」を達成できた従業員と、達成できなかった従業員では、適用される賃率が違った差別出来高給制度を導入する。

テイラーはこの科学的な方法をとり、従来の経営者の経験や勘に頼った管理から発生した組織的怠業を解決した。

3. メイヨーとレスリスバーガーの人間関係論

1927年から1932年にかけて、ホーソン工場では、照明を変化させたグループと変化させないグループを対象に、照明実験を実施した。この実験では、照明が明るくなれば、それだけ生産量があがるだろうと想定されていたが、どちらも生産性の向上が見られたのである。

この驚くべき結果に実験メンバーは、ホーソン工場での実験をさらに拡大した。照明実験では、単に技術的、物理的な条件の変化だけではなく、人間の内

面にまで踏み込んだ分析が必要と考えられた。そのような理由から、専門家のメイヨーとレスリスバーガー[2)]の協力を仰ぐことになった。

電話用継電器組み立ての流れ作業に従事する女性の工員を何名か選び、様々な作業の条件を変更しながら26ヵ月にわたって実験が行われた。このような場合、一般的には突然の環境変化という心理的な衝動により、工員の生産量は低くなると予想されたが、結果は最高の生産量を示すことになった。

照明実験結果は驚くべきもので、日を重ねるごとに生産量は右肩上がりになった。つまり作業条件をどのように変更しても、無関係に生産量は上昇した。

ではなぜ、作業条件を変えても生産量は影響を受けなかったのか。それは、女性工員たちが持っていた「選ばれている」という感覚が生産量に影響を与え、また、選ばれた作業集団の一員という意識を個々のメンバーが持つことにより、一体感や達成感をもたらし、そのような満足感がさらに生産量を高めるように作用した。

これは、人間の感情を排除している機械的人間観に基づいた科学的管理法では、全く発想されなかった。この実験によって、人間の心理的側面と内面的側面の重要性が初めて指摘された。つまり、人間の心理的側面と内面的側面を重要視した新たな組織理論と管理論の必要性が高くなった。

このホーソン工場の実験では、「物理的作業条件と作業能率との間には、従業員の感情や意欲といった主観的な態度があり、これが大きく影響している」「この主観的な態度は、自然的発生的に生じる非公式な人間関係、いわゆる非公式集団の集団規模の影響を大きく受ける」「この集団規模が企業の組織目標をサポートするのであれば、生産性の向上につながる」「非公式集団の人間関係の良し悪しや集団規模の内容は、管理者の管理行動の良し悪しに大いに依存している」という4つの結果がでた。

ホーソン工場での実験結果では、科学的管理法が主張している当初の仮説は証明できなかった。

4．アージリスの人と組織の理論

　従来、人間は機械と同じで、命令をしなければ働かないものだと考えられていた。しかし、アージリス[3]は、「人間が成長しないはずはない」「従来の考えでは従業員のやる気がでない」と考え動機づけの研究をした。

　アージリスは、人間は精神的に成熟し、成長したいという自己実現欲求は強くなるものだと考えた。企業では、従業員は、そもそも上司のいうなりに働く人間であり、命令しなければ働かない。さらには、手取り足取り教えなければ仕事もできないという考えがあった。それは、従業員は自ら成長することがないと考えていたからである。つまり、企業と従業員の望んでいることが違い、従業員は組織から押さえつけや命令などで自分のしたいことができず、「やる気」を失うというわけである。これでは、当然であるが能率も悪くなり業績も下がる。

　そのような状況からアージリスは、組織で働くことが個人的な成長につながるような環境を作ることが大切だと考え、「職務拡大」と「参加的リーダーシップ」の2つを提案した。

　「職務拡大」とは、担当する職務の種類を増やし、まとまりのある仕事にする。1つの物を作る時、作る過程の1部だけを担当させるのではなく、担当を拡大することで従業員は、充実感や達成感を味わうことができ動機づけが促進される。

　「参加的リーダーシップ」とは、目標の設定や仕事のやり方の決定、業績の評価などといった管理プロセスに従業員を参加させる。管理を行うには長期的な視点、主体的な行動、自己管理などが必要である。従業員は管理プロセスに参加することで能力を身につけ、発揮できる。

　この2つは個人に成長の機会を与え、「やる気」を促進するというものだが、アージリスは組織も従業員と同様に成長し、学習しなければならないと考えている。

組織の学習タイプには、「組織の目標や規則などは変更しないで問題を解決しようとするシングルループ学習」と「問題解決に必要だったら目標や規則などの変更もいとわないダブルループ学習」の2種類がある。現代のように環境変化が激しい時代には、シングルループ学習よりもダブルループ学習が重要であるとアージリスは考えていた。

5. マグレガーのXY理論

マズローの欲求階級説のような考え方を、X理論（性悪説）とY理論（性善説）の仮説によって、経営管理向けに適用したのがマグレガー[4]である。

X理論（性悪説）とは、「普通の人は、生まれつき仕事が嫌いで、できることなら仕事はしたくない」「仕事を嫌う性質のために、強制・統制・命令されたり、処罰などで脅されたりしなければ企業目的達成のために十分な力を発揮しない」「普通の人は命令されるほうが好きで、責任を回避したがり、あまり野心をもたず、何よりも安全を望んでいる」と、3つの人間観に基づく伝統的な管理の理論である。

X理論（性悪説）では、このような人間観を前提に、現在の企業経営管理に深い作用を及ぼし、人間がより高い欲求の満足を求めると、X理論（性悪説）では人間の動機づけを先に進めることができないと説明されている。

Y理論（性善説）とは、「人は仕事が嫌いではなく、条件次第で、仕事は満足の源泉にも懲罰の源泉にもなる」「人は自分が進んで献身した目標のためには、自らにムチ打って働くものである」「献身的に目標達成に尽くすかどうかは、それを達成して得る報酬次第である」「条件次第では、人は自ら進んで責任を取ろうとする」「企業内の問題を解決しようと比較的高度な想像力を駆使し、手練を尽くし、創造工夫をこらす能力は、たいていの人に備わっているものであり、一部の人だけのものではない」「現代の企業では日常従業員の知的能力のほんの一部しか生かされていない」と、6つの人間観を前提とする。より人間的側面を重視し、高い欲求の充足をはかる必要があると指摘している。

X理論（性悪説）では、人間を本来は怠け者であるとし、「階級原則」と権限行使による、命令・統制でしか管理できないという考えである。

Y理論（性善説）では、従業員が企業の繁栄のために努力することによって、各自の目標を最高に成し遂げられる条件を提供するという考えである。

Y理論（性善説）は、人間には成長・発展する可能性があり、状況に即応した手段をとる必要があるとし、人間は元来怠けや無関心なものではない。その原因が管理者にあり、管理者は従業員が力を発揮できる条件を作ることが重要であるとしている。

6. ハーズバーグの職務満足理論

ハーズバーグ[5]の理論では、人間は2つの欲求をもっている。

1つは、苦痛を避けたいという欲求である。もう1つは、精神的に成長したいという欲求で自己実現欲求にあたる。

ハーズバーグは、会計士と技師を対象にして、不満や満足をもたらす仕事上の要因について調査をした。この調査で、「不満と満足の要因は、全く異なっていること」、「不満は職場環境、満足は職務内容に関する要因であること」の2つがわかった。

この調査で不満を感じたのは、職場環境に関する要因で、これらは生理的欲求や安全欲求などを満たすだけである。そのため改善されても従業員をやる気にさせることはできない。このような不満を防止する働きを持っている要因を衛生要因と呼んだ。

一方、満足をもたらした要因は、どれも職務内容に関連したものだった。この満足の要因を動機づけ要因と呼んだ。この動機づけ要因に働きかけて仕事が面白いものであれば、従業員はやる気になる。

ハーズバーグの理論は、2つの要因の名称をとって、「動機づけ－衛生理論」と名づけられた。この理論では、従業員に動機づけ要因を提供するための方法として職務充実を提案している。職務充実とは、これまでの職務に管理的な要

素、管理プロセスでいえば「プラン」と「チェック」の内容を付け加えることである。従業員は、ただ命令されて仕事をするのではなく、彼ら自身が管理をすることが、自己実現欲求を満足させることにつながり、やる気を引き出すことができる。また、職務充実が「管理」というこれまでよりも難しい職務を付け加えるのとは違い、職務拡大によって、職務の種類を増やす方法もある。

7. リッカートの4つの管理システム

リッカート[6]は、多くの組織を分析した結果、一般的に行われている管理のスタイルが大きく4つに分類されることを発見した。そこで発見した4つの管理スタイルは、システム1からシステム4と呼ばれる。

システム1は、管理者は部下を信頼していない。意思決定や組織目標の決定はトップが行う。部下は恐れと脅し、懲罰と報償に基づいて働かされている。統制機能はほとんどトップに集約されており、公式の組織目標に反抗する非公式組織が発生しやすい。

システム2は、管理者は部下に対し、信用はするが恩着せがましさを隠そうとしない。たいていの意思決定や組織目標の設定はトップで行われる。動機づけには褒章と懲罰を、統制機能は依然としてトップに集中している。非公式組織は、必ずしも公式組織の目標に反抗するものではない。

システム3は、管理者は部下に完全ではないがある程度の信頼を寄せている。だいたいの方針や一般的な決定はトップが行う。組織内で上下のコミュニケーションが行われる。統制機能の大部分が下位に委譲されている。非公式組織が発生することもあるが、目標に協調したり、部分的に反抗したりすることもある。

システム4は、管理者は部下を全面的に信頼・信用している。意思決定は組織全体で行われ、うまく統合されている。コミュニケーションは、上下方向や同僚間でも行われ、構成員は組織の目標決定にも参加が許されており、これによって動機づけられる。統制機能は、低位の職場単位まで完全に責任を分掌

している。公式組織と非公式組織など、すべての社会的力が設定された組織目標の達成に向けられる。

リッカートが研究した結果、高い生産性を達成している部署はシステム4のような相互の信用・信頼に基礎をおく管理スタイルが取られている組織である。

8. バーナードの協働理論

バーナード[7]は「人間は自由な意思を持ち、自由に行動する」と考えて理論を組み立てていき組織ができ上がる要素として、次の3つをあげている。

1つ目は、共通目的である。組織には目的がなければならない。目的が明確ならメンバーは組織のためにどんな協力をすればいいのかを理解でき、各人が分担して仕事を行うことができるようになる。組織のメンバーはその目的をしっかりと理解していることが大切である。

2つ目は、貢献意欲である。組織のメンバーは、組織のために頑張ろうとする意欲を持たなければならない。自分が働いた以上に褒美がもらえると意欲が保たれ、認められなかった場合に減少する。このように、組織から与えられる褒美が貢献意欲を引き出す役目をしている。

3つ目は、コミュニケーションである。メンバーがそれぞれの考え方や意思、意見や情報を交換したりするために必要なことである。コミュニケーションは、組織の目的を理解させる役割や貢献意欲を高める役割もしている。

さらに、3つの要素以外にも、「調整能力」が重要であることも述べている。

バーナードは、組織を解散させずに維持していくためには、「内部均衡」と「外部均衡」が必要だと考えた。

「内部均衡」とは、組織のメンバー意欲の減少や能率低下が起こらないように上の3つの要素をうまくバランスさせて、メンバーのやる気を引き出していくことである。

「外部均衡」とは、組織の外側にある環境とのバランスである。組織の目的

は外部環境とバランスがとれていなければならず、このバランスがとれていれば、組織は有効なものとなり、目的達成の可能性が高くなる。

このように2つの均衡は、組織を維持していくためには大切な条件になる。組織の目的を成し遂げれば、メンバーに褒美を与えることができ、また、その褒美が貢献意欲を引き出すことになる。

9. サイモンの意思決定論

サイモン[8]は、経営学の中心課題は意思決定であるとしている。人間は行動を起こす前に必ず意思決定を行ってから行動すると考えた。また、サイモンは、バーナードの理論を受け継いで意思決定の仕組みを明らかにする取り組みを行った。

サイモンは、意思決定プロセスとして、「情報活動→設計活動→選択活動→再検討活動」という流れから意思決定が行われているとしている。

情報活動とは、意思決定を行うために必要な情報を収集することであり、社内外から様々な情報を集めることである。その集めた情報を利用し問題点の原因を探る活動である。

設計活動とは、集めた情報から、その問題を解決する方法としてどのような方法やその対策案があるかを考えることである。そこでは、いろいろな方法や対策案が作られる活動である。

選択活動とは、複数の利用可能な案の中から、ある一つの案を選択する活動である。

再検討活動とは、過去に行ってきた選択活動を再度検討する活動である。

さらに、サイモンは、意思決定のタイプとして、「プログラム化できる意思決定(定型的意思決定)」と「プログラム化できない意思決定(非定型的意思決定)」があると区別している。

プログラム化できる意思決定(定型的意思決定)とは、日常的に繰り返し行われるような単純な意思決定であり、コンピュータの計算によりプログラムが

可能な意思決定である。

　プログラム化できない意思決定（非定型的意思決定）とは、これまで経験したことがないような複雑でむずかし意思決定であり、人間の勘や頭脳にたよらなければプログラム化が不可能な意思決定である。

　サイモンは、意思決定を行う上でどのような規準で意思決定するかを考える必要があり、すべての意思決定を行う状況において、完璧な意思決定を行うことは不可能であると考えている。そのような理由から、意思決定には、最適化原理による意思決定と、満足化原理による意思決定がある。

　最適化原理による意思決定とは、だれでもその意思決定に満足できる、唯一完全な意思決定のことである。

　満足化原理による意思決定とは、だれもがその意思決定に満足できておらず、すなわち、唯一完全な意思決定（これしかないという答え）がない場合、一定の基準を満たした複数の案の中から、その基準をクリアした案を一つ選ぶやり方である。

　サイモンは、マネジメントとは意思決定であるとし、現在のマネジメント論は意思決定論として大きく展開されている。その功績として、サイモンは、「経済組織における意思決定過程の先駆的研究」で、1978年ノーベル経済学賞を受賞している人物でもある。

注

1) テイラーの科学的管理法に関しては、以下の文献を参考にしている。
　　テイラー著、上野陽一訳・編『科学的管理法』産業能率学短期大学出版部、1969年。
2) メイヨーとレスリスバーガーの人間関係論に関しては、以下の文献を参考にしている。
　　メイヨー著、村本栄一訳『新訳産業文明における人間問題』日本能率協会、1967年。
　　桜井信行著『新版人間関係と経営者』経林書房、1971年。
　　レスリスバーガー 著、野田一夫・川村欣也訳『経営と勤労意欲』ダイヤモンド社、1965年。
3) アージリスの人と組織の理論に関しては、以下の文献を参考にしている。

アージリス著、伊吹山太郎、中村実 訳『組織とパーソナリティー システムと個人の葛藤』日本能率協会社、1970年。
4) マグレガーのＸＹ理論に関しては、以下の文献を参考にしている。
マグレガー著 高橋達男訳『新訳版 企業の人間的側面』産業能率学短期大学出版部、1970年。
5) ハーズバーグの職務満足理論に関しては、以下の文献を参考にしている。
ハーズバーグ著、北野利信 訳『仕事と人間性―動機づけ―衛生理論の新展開』東洋経済新報社、1968年。
6) リッカートの4つの管理システムに関しては、以下の文献を参考にしている。
リッカート著、三隅二不二訳『経営の行動科学 新しいマネジメントの探求』ダイヤモンド社、1964年。
7) バーナードの協働理論に関しては、以下の文献を参考にしている。
バーナード著、山本・田杉・飯野訳『新訳 経営者の役割』ダイヤモンド社、1968年。
8) サイモンの意思決定論に関しては、以下の文献を参考にしている。
サイモン著、二村・桑田・髙尾・西脇・髙柳訳『新版 経営行動 経営組織における意思決定過程の研究』ダイヤモンド社、2009年。

第3講　組織風土と組織文化

1．大企業組織と中小企業組織の特徴

　まず、大企業と中小企業には、違いが存在することをまず理解しておかなければならない。その具体的なメリットとデメリットには、以下の点が挙げられよう。

　大企業のメリットは、一般的に「ネームバリュー」「社会的な地位が高い」「安定している」「社員が多いため、組織として強い」「ビジネスの規模が大きい」「世の中への影響力がある」「優秀な人が多い」などであろう。

　大企業のデメリットは、一般的に「人が多いため、自分がいなくても会社が回る」「社内競争が激しい」「出世に時間がかかる」「社員一人ひとりをしっかり見えていない」「意思決定のスピードが遅い」「経営者の存在が遠い」などであろう。

　中小企業のメリットは、一般的に「社員が少ない分、責任ある仕事を任される」「個人の裁量が大きい」「自分が会社を大きくするという実感が持てる」「意思決定のスピードが速い」「経営者との距離が近い」などであろう。

　中小企業のデメリットは、一般的に「一人ひとりの負担が大きい」「知名度、社会的な地位がない」「ビジネスの規模が小さい」「世の中への影響力があまりない」などであろう。

　では、大企業組織としての強みを整理した場合、「社員が多いため、組織として強い」「優秀な人が多い」であり、この点に関しては、中小企業組織は大企業組織にはかなわないといえる。しかし、中小企業組織の強みを整理した場

合、「意思決定のスピードが速い」「経営者との距離が近い」であり、この点に関しては大企業組織よりも中小企業組織が有利である。

意思決定のスピードに関しては、大企業より中小企業が早く、経営者との距離も大企業より中小企業が身近に感じられている。このことから、管理者の考え方が従業員に浸透する速さも、大企業よりも中小企業が早いといえる。

2．組織風土と組織文化

現代社会には、多種多様な組織が存在している。組織には、企業、学校、病院、市町村役場、警察、消防などがある。組織が存在するのには、必ずその理由がある。その理由は、その組織が設立された目的にある。学校であれば「教育」、病院であれば「治療」、市町村役場であれば「市民の支え」、警察であれば「治安維持」、消防であれば「災害対応」、そして、製造業の場合であれば「消費者に良い商品を提供する」などが、目的である。

特に、企業の場合は、創業者による経営理念が示されて、それに賛同して集まった個々人によって形作られている。これこそが、企業においての組織風土や組織文化であるといえる。そもそも、組織風土と組織文化が持っている意味は異なる。そこで、組織風土と組織文化の違いを説明するとすれば、次のようになる。

組織風土とは、社風などと表現される。それは、組織が持っている暗黙のルール、規範、土壌、文化のことである。組織のメンバー一人ひとりの意識や行動様式の集合体といえる。どんなにシステムを変更しても、個人の行動に変化を与えても、組織風土が変わらない限り、組織が変わることはない。

組織文化とは、組織の構成員間で共有されている行動原理や思考様式などのことである。それは、組織に所属する個々の構成員の価値観が融合されるということで、組織文化が形作られていくということである。すなわち、企業においての組織文化というのは、創業者による経営理念が示されているということであり、それに賛同して集まった従業員によって組織が形作られている。

組織風土と組織文化の違いを説明した場合このような説明となる。では、もう少し、組織風土と組織文化についてみてみる。

3．組織風土

　企業には、当然であるが独特の組織風土があり、これと異なった価値観を持った人が就職しても、組織の中に入ることによって、その風土に合致した行動をとるようになる。これは、組織集団の力によるものである。

　組織風土が悪ければ、頑張って仕事をしようと思っている人でもだんだんとやる気が失せていき、反対に、いいかげんな気持ちで働き始めた人でも、組織風土がよければ、その雰囲気の力で気がつけば仕事が生きがいになっていることもある。組織風土には、よい組織風土もあれば、悪い組織風土もある。

　したがって、組織風土を改善することによって、従業員のやる気も上がり、組織の目標も効率よく達成できることが可能になる。それは具体的にいうと、職場で働く従業員に、「共通目標」「高いやる気」「信頼関係」「豊かな創造性」「開放的雰囲気」などが生まれることによって可能になる。

　そうすると、組織風土を変えるために、誰が何をすべきなのかは、その答えがみえたと思われる。それはやはり、最もその組織に影響を与えられる、リーダー・経営者が自身の行動を変化させ、従業員にみせることである。すなわち、組織風土を変革させるためには、管理者の役割は大きい。

4．組織文化

　組織文化に関しては、様々な研究者が様々な角度から討議している。その一例を以下に紹介する。

　ピーターズとウォーターマンは、組織文化を「従業員達が持つ共通の価値観」としている。

　シャインは、組織文化を「ある特定のグループが外部への適応や内部統合の

問題に対処する際に学習したグループ自身によって、作られ、発見され、又は発展させられた基本的仮定のパターン」と定義している。

　加護野忠男は、組織文化を「組織構成員によって共有された、価値、信念、規範のセット」であるとしている。

　野中郁次郎は、組織文化を「従業員の行動様式であり、仕事の進め方である」としている。

　高木晴夫は、組織文化を「組織自らが活動の仕方や規則の体系をつくりだしているもの」としている。

　多くの研究者は、組織文化を従業員が共通して持つ何らかの「決まり事」「価値観」「信念」「組織運営方法」「規則の体系」などであるとしている。それは、従業員がとる行動に最も表れるように、「〇〇会社の従業員としてこのように行動をとるべきだ」「〇〇会社の従業員はこのような場面でこのような態度をとるべきだ」「〇〇会社の従業員であればこのよう判断をするべきだ」など、場面ごとに共通して「とるべき行動」を組織文化が形成している。ある意味では、組織風土が土台となって組織文化が形成されていると考えることもできる。

5．組織風土とコンプライアンス

　組織風土が持っている暗黙のルールによって、組織風土が変わらずに、管理者が本来の役割を行うことができなかった為に、企業では大きな事件が発生している。その原因として、「組織風土」が大きくかかわっていることに間違いないが、「コンプライアンス」も事件が発生する要因と考えられる。

　組織風土とはそもそも、従業員が作るものではなく、管理者が作るものである。それは、管理者が従業員に対して健全な姿勢を示すことが重要であるからだ。すなわち、健全な職場は、管理者の健全な姿勢のもとに生まれ運用されている。健全な職場とするために、近年では、コンプライアンスが重要視されている。

　コンプライアンスとは、法令遵守のことを示している。そして、コンプライ

アンス経営とは、企業を取り巻く法令や諸規則である、「株主を保護する法律の会社法や金融商品取引法」「従業員を保護する法律の労働基準法」「消費者を保護する法律の消費者保護法や製造物責任法」「取引先を保護する法律の下請代金支払遅延等防止法」「競争に関する法律の独占禁止法や不正競争防止法や景品表示法」「税金に関する法律の税法」などを遵守し、社会規範に従って、誠実で公正な企業活動を行うことである。

すなわち、組織風土とコンプライアンスの関係が、健全な職場には必要なのである。組織風土とコンプライアンスの両方がバランスよく運用される必要があり、一方でも欠けることがあれば、必ず企業に大きな事件を起こす要因となる。

特に過去にはあまり発覚することがなかったコンプライアンスが関係する事件が、近年は発覚している。それは、昔であれば、内部告発があまりされなかったからであろう。内部告発者は、その企業より報復措置として不当な待遇を受け、不当解雇を受ける可能性があったためである。当然であるが、内部告発することによって、報復措置を受ける可能性があれば、それを恐れて従業員は告発を行わない。それが一つの理由として、企業の不正は明らかにされず、不正行為が放置されていた。

しかし現在は、適正な手順や動機に従って内部告発した従業員の解雇や降格、減給など不利益な扱いをすることを禁じる公益通報者保護法が施行されている。その保護の対象になるのは、企業の従業員、派遣従業員、下請け企業の従業員、公務員などである。この制度が施行され、企業で行われている内部不正が、内部告発者によって発覚するようになった。

このように現在では、外部者からの監視だけではなく、企業内部からの監視も強くなってきている。それは、企業自身も、昔と異なり、法令違反を隠ぺいすることが困難になり、そもそも、隠ぺいすることが本当に問題であることを再認識させたともいえる。

もし、組織風土が持っている暗黙のルールとして、法令違反を隠ぺいすることを許していたのであれば、その考え方が間違った組織風土であることを従業員に示すことも管理者の仕事である。企業にコンプライアンスの実施が強く求

められている時代こそ、管理者が従業員に対して、コンプライアンスを守ることが経営の健全な姿勢を保つことだと示さなければならない。

　また、管理者が、コンプライアンス経営を実施する為には、意識面、知識面、体制面をどうするかが重要である。意識面としては、経営者を始めとして従業員の意識改革を進める必要がある。知識面としては、ルールブックやマニュアルを作成し、従業員の知識レベルを向上させる必要がある。体制面としては、コンプライアンス経営に向けた具体的活動が現場で実施できているかをモニタリングする仕組みとして、コンプライアンス委員会を設置し、内部通報制度を作る必要がある。

　近年の事例としては、株式会社東芝の不適切会計がある。社長は、「本件については、当社経営トップによる目標必達のプレッシャー、上司の意向に逆らうことができない企業風土、適切な会計処理に向けての意識の欠如などの複合的な要因があいまって、意図的な利益の嵩上げのためにカンパニーにおける内部統制、及び単体決算や連結決算に関する内部統制が無効化され、当社の会計処理基準が適切に運用されていなかったことにより発生したものであります」とコメントしている。正しく、組織風土がこの問題を引き起こしたと経営者も認めている。

6．管理者の役割

　最近、企業が原因で個人情報の漏えいが事件になっている。それは、そもそも、その企業には、情報管理に関してはあまり重要としない組織風土があるからであろう。しかし、管理者が、情報漏えいは、コンプライアンス違反になるから従業員一同が気をつけることを徹底することによって、防ぐことが可能になるかもしれない。ただ、管理者がいくら言葉だけで、それを伝えても事件が起こってしまっている場合が多い。事件が発覚した時の謝罪コメントの中で、管理者として、普段から情報漏えいに関しては注意をしてきたがこのような事件が発覚したことに対し遺憾に感じているという言葉をよく聞く。

必ず私に報告することや、情報漏えい問題が発覚した場合は管理者として私が責任を取ることなど、具体的な方法や管理者としての決意を従業員にみせることである。

そうすることによって、言葉だけで注意されていた従業員たちも、管理者の真剣な姿勢に自発的に行動を変えよう、従ってみようと、徐々に変化するものである。その様な雰囲気が継続することによって、組織風土に変化が生まれ、情報管理に厳しく臨むのは当然だという思考習慣や感情習慣が生まれる。

もちろん、管理者の行動のみならず、従業員たちには、なぜ行動を変えるのか、行動を変えることがどうのように組織力向上につながるのかなどについて、一人ひとりとしっかりと対話を行う中で、組織風土を変える意味を納得する環境ができあがる。

こうして、組織風土の変化のみならず、組織自身が環境に対応するために必要な改革にチャレンジできる状況になる。

組織風土を変えるには、管理者が「対話」を通じ、その意味を従業員に伝え、浸透させ、自分は必ずこうする、いつもこれをやる、という約束宣言(コミットメント)をすることが重要である。管理者と従業員が互いに約束を守り行動することによって、悪い組織風土も、よい組織風土へと変化する。

組織風土を変える特効薬がもしあるとすれば、管理者が正しい行動を取り続け、従業員にその姿をみせることである。管理者の態度こそが、その企業が従来から持っている組織風土をよりよいものにするための、従業員の手本となる。それは、よりよい組織風土を持った企業にこそ、よりよい組織文化が生まれる。

7．組織風土とモチベーション

モチベーションとは、一般的には広い意味で「意欲(やる気)」や「動機づけ」といった意味で使われている。企業にとっては、従業員のモチベーションが高い方が理想であることには間違いない。ここでは、組織風土とモチベーションの関係について考えてみる。

組織風土とモチベーションの関係を上手に行っている企業が日本の企業にもある。

翔泳社主催「Developers Summit 2014」2日目の講演[1]で、株式会社サイバーエージェント代表取締役社長の藤田晋が登壇し、「やる気を引き出す組織風土の作り方」と題し、同社が取り組む社員のモチベーション向上策を語っている。

そこで、藤田は、「社風」については、社内イベントの実施や、飲みニケーションや社内結婚の奨励、若手の抜擢といった取り組みを紹介し、社内イベントとしては、半年に1回の社員総会で、活躍した社員を表彰するほか、何かイベントがあるたびに社内ポスターやトピックスメールを発信して、盛り上がり感を演出することに力を入れている話をしている。

また、社員のSNS活用も基本的に自由で、藤田もオープンなブログで制度や施策の導入意図などを説明している。納得がいかないまま働いているとモチベーションが下がる。自分の言葉でオープンなブログに書くことで社員に納得してもらうということである。

さらに、飲みニケーションも奨励している。どんな組織もわだかまるものがあり、意思疎通ができるチームはなかなかできない。なんだかんだ飲みに行くことで、そんなに悪いヤツじゃないことが判明するらしい。また、何かプロジェクトを達成したら、飲み代も支給し、飲み会翌日は自動的に半休になる制度があり、それとセットで飲み代が支給さている。

最も気になった話が、サイバーエージェントは、社内結婚も多いという。社員同士が結婚する会社は、安心して長く働ける職場との考えがあり、会社としても奨励している。

若手の抜擢に関しても、1年目の社員であろうと、新規事業や子会社をまかせている。若手の抜擢をはじめた当初は、なぜ自分ではなく彼なのかと怒り出す社員もいた。まかせることが常態化し、今回はないが次回は自分だと思うような雰囲気が生まれている。

すなわち、従業員のモチベーションを高くするためには、それなりの組織風

土を作り、維持することが重要である。ただ、藤田が実施している方法をそのまま他の企業に導入してもおそらくうまくいかないであろう。なぜなら、藤田もサイバーエージェントを設立してから15年以上の月日をかけて現在の組織風土を根付かせているからである。

　結論として、よい組織風土を持っている企業の従業員は、高いモチベーションを持っているものが多いということであろう。従業員のモチベーションを高くするためには、企業の管理者の役割が大きな意味を持つことには変わりない。

注

1) 翔泳社主催「Developers Summit 2014」2日目の講演で、藤田氏が話をした内容が以下のホームページにまとめられているので、参考にしていただきたい。
　　http://enterprisezine.jp/iti/detail/5676

参考文献

十川廣國編著『経営学イノベーション3　経営組織論〔第2版〕』中央経済社、2013年。
加護野忠男著『組織認識論』千倉書房、1988年。
野中郁次郎著『企業進化論』日本経済新聞社、1985年。
ピーターズ＆ウオーターマン著、大前建一監訳『エクセレント・カンパニー』講談社、1982年。
シャイン著、清水・浜田訳『組織文化とリーダーシップ』ダイヤモンド社、1982年。
高木晴夫著『ネットワークリーダーシップ』日科技連、1995年。

第4講　企業（株式会社・中小企業含む）

1.　企業の目的

　経営学とは、組織の運営について研究する学問領域だと定義することができる。そのため、経営学を学ぶ上で組織の形態について知ることは極めて重要だと言える。本講では、組織の中でも特に企業[1]について知ることを目的としている。社会システムの中で企業が求められる役割や、企業の形態について知ることで経営学をより本質的に知ることができる。

　企業を大きく分けると、私企業と公企業に分類することができる。私企業とは、民間の主体が出資・経営する企業である。それに対して、公企業は、国や地方自治体が出資・経営する企業である。公企業の存在からもわかるとおり、企業の目的は必ずしも利益をあげることだけではない。P. ドラッカーは、企業の目的を「社会貢献」だとしており、その活動の継続のために利益があると

図 4-1　企業の目的

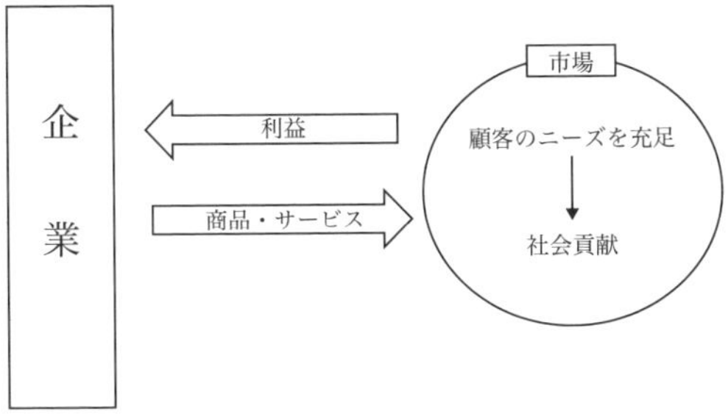

出所：P. ドラッカー（2001）を参考に筆者作成。

している。つまり、企業の本質は、市場との取引によって利益を獲得し、存続し続けることにより社会貢献を果たす存在だといえる。

企業は、市場に存在する顧客のニーズを把握し、それを充足する商品やサービスを必要な量だけ生産・供給することが目的となる。過不足無く生産・供給を行うことができれば、多くの場合[2]企業の利潤は最大化され企業の存続が望める。存続した企業は、商品やサービスを市場に供給することで社会貢献を果たし、社会経済をより豊かなものとする。

2. 企業の社会的責任

企業が事業を行う中で、企業は顧客だけと関係しているわけではない。企業内の従業員や、他の企業、政府や所在地の近隣住民など多種多様な存在と関係して存在している。ステークホルダーは、企業活動により、影響を受ける人や団体のことを指し、利害関係者と訳されることが多い。2000年代以降の企業では、ステークホルダーとのよりよい関係を目指す企業活動として、企業の社会的責任（CSR[3]）が活発になり、企業の「公器」としての姿を顕著にしている。

図4-2　企業と主なステークホルダー

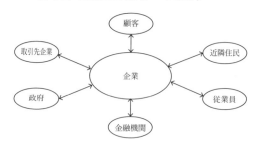

先にも述べたとおり、企業は利益だけで無く、社会貢献を果たすことが望まれる。それにより、企業の存続・発展を果たすためには、企業とステークホルダーの間に良好な関係が築かれていることが望ましい。同時に、企業活動の成果である利益をステークホルダーに対して公正に分配することである。つまり、株

主には、配当や株価の上昇により投資に報いる必要がある。金融機関に対しては利子と返済を、政府に対しては税金を、適切に支払わなければならない。従業員には、自らの労働力を投入するに足る環境を提供する必要がある。取引先企業との取引は誠実さを心がけ、近隣住民や環境への配慮を怠ってはならない。そして、顧客に対してはよりよい製品やサービスを、より安価に提供するように努めるべきである。すなわち、ステークホルダーとの関係を構築することで、長期的に企業と社会経済が発展することが可能になるとされている。

3. 企業の形態

先に述べたように、企業を大きく分けると、私企業と公企業に分けることができる。さらに細かく分類すると、表4-1のようになる。

表4-1 日本における主な企業形態

私企業	個人[4]	個人事業主		
	共同企業	会社企業	株式会社	
			持合会社	合名会社
				合資会社
				合同会社
		組合企業	農業協同組合、漁業協同組合など	
公企業	国営企業[5]		日本では現存せず	
	地方公営企業		公営交通、上下水道など	
	特殊法人		独立行政法人、認可法人、特別民間法人 (2017年3月現在32法人)	

一般的に想像されるであろう株式会社の他にも、個人事業主や、組合企業、公営交通などが存在する。以下では、私企業の形態について株式会社を中心に列挙する。

(1) 株式会社

株式会社は、社員権（以下、株式）を発行し投資家から資金を調達し事業活

動を行う企業である。クラークマン等は、株式会社について、①法人格を有すること、②株式を保有する投資家（以下、株主）の責任が有限である事、③持分の自由譲渡性の担保、④取締役会への経営権の委任を通じた所有と経営の分離、⑤株主による保有をあげている。

①法人格を有することは、事業を行う上では、権利と義務を負う能力が認められなければならない。そのため、企業等に対して、権利と義務を負う能力があることを認証されている必要がある。そのため、法人は「法律上、ヒトとして扱われているモノ」（岩井2005）図4-2にあげた企業は全て法人格を有しており、企業名で契約関係を結ぶことが可能になっている。

②株主の責任が有限である必要性は、④の所有と経営の分離と合わせて説明する。株式会社が誕生[6]した背景には、企業の大規模化により、少数の投資家では増大するリスクをおうことが難しくなったためである。。そのため、今日の株主も一部の例外を除き有限責任となっており、株式の購入代金以上の責任を負う必要はない。一方、多数の株主の存在する企業では、合意の形成などが難しく、株主による直接経営ではなく専門的経営者を選任することが合理的となった。そのため、株式会社では、所有と経営の分離が行われ、株主自身による経営は行われない。専門的経営者の選任は、通常株主総会で株主による投票により選任される。

③持分の自由譲渡性の担保については、通常、株主の保有する株券は金融市場等を通じ自由に譲渡される。

⑤株主による保有とは、株主は、表4-2にあげる株主の権利により、株式会社の経営陣の選任や経営上重要な事項を承認する権利である。また、株式会社の純利益は株主に帰属し、同時に損失についても株価の下落や無配当などのリスクも負っている事から一般的には株式会社は株主に所有されていると解釈される。

一方、2005年のライブドアによるニッポン放送のM&Aの際に大きく報じられ、ニッポン放送労働組合の主張などにみる従業員主権論や、岩井（2005）にみられる社会全体のモノだとする見方もある。

表 4-2　株式の保有比率と株主の権利

持ち株比率	発生する権利
1％以上もしくは300株以上	株主提案権
1％以上	総会検査役選任請求権、多重代表訴訟提起権
3％以上	総会招集請求権、役員の解任請求 業務の執行に関する検査役選任請求権 役員等の責任軽減への異議権 会計帳簿閲覧請求権
10％以上	一定の募集株式発行等における株主総会決議要求権 解散請求権
1/6以上	簡易合併等の反対権
25％以上	相互保有株式の議決権停止
1/3以上	株主総会の特別決議を単独で阻止可能
50％以上	株主総会の普通決議を単独で成立可能
2/3以上	株主総会の特別決議を単独で成立可能
90％以上	特別支配株主の株式等売渡請求 略式合併等における総会決議省略

出所：大和総研（2015）より筆者作成。

　以上が株式会社の特徴だが、元来、株式会社は比較的大規模な企業が中心であった。そのため、個人事業主と株式会社の間を埋める存在として、有限会社が存在した。市場から広く資金を調達することを想定した株式会社に対し、有限会社は、市場を通じた資金調達を想定していなかった。そのため、最低資本金や従業員数の上限が規定されていた。2006年の会社法施行に伴い、根拠法であった有限会社法が廃止され、同時に株式会社の最低資本金の引き下げが行われたことにより新設出来なくなり、会社法施行時に存在していた有限会社については、「特定有限会社」として株式会社の一種類として存続する。

(2)　合名会社、合資会社

　合名会社は、現行の会社法が想定する会社類型の中で最も原始的な形態だといえる。2006年の会社法施行以前は、個人事業の事業主が2名以上となり、共同事業となったものを想定していた。会社法施行後は、従業員1名以上が

条件となり、個人事業主の法人化が可能になった。そのため、出資と業務の双方を行う機能資本家が従業員であり、所有と経営が分離していない。機能資本家は合名企業に無限責任を負い、出資した資本以上の負債が発生した場合、全ての負債を返済しなければならない。

合資会社は、合名会社に有限責任を負う社員を加えた企業形態である。そのため、企業内に無限責任と有限責任の従業員双方が存在する形態をいう。

(3) 合同会社

合同会社（日本版LCC[7]）とは、2006年の会社法施行時に新たに追加された形態で、米国のLCCをモデルにしている。機能資本家による起業を想定している点は合名会社や合資会社と同じだが、企業の債務について、有限責任となっていることが異なる。米国LCCとの違いとしては、合同会社ではパス・スルー課税[8]が認められていない点がある。

(4) 中小企業

企業を分析する際に、重要な要素として企業規模があり、大きく分けると大企業と中小企業に分けることができる。日本における中小企業の定義は表4-3のとおりであり、それ以上の規模の企業は大企業に分類される。大企業と中小企業を企業数、従業員数で分けると表4-4のようになる。

表 4-3　中小企業の定義[9]

業種分類	中小企業基本法の定義
製造業その他	資本金の額又は出資の総額が3億円以下の会社又は常時使用する従業員の数が300人以下の会社及び個人
卸売業	資本金の額又は出資の総額が1億円以下の会社又は常時使用する従業員の数が100人以下の会社及び個人
小売業	資本金の額又は出資の総額が5千万円以下の会社又は常時使用する従業員の数が50人以下の会社及び個人
サービス業	資本金の額又は出資の総額が5千万円以下の会社又は常時使用する従業員の数が100人以下の会社及び個人

出所：中小企業基本法より筆者作成。

表4-4　企業規模別の企業数・従業員数

		企業数	従業員数
大企業		1.1万社	1,433万人
中規模企業		380.9万社	3,361万人
	うち小規模企業	325.2万社	1,127万人

出所:「平成26年経済センサス-基礎調査」より筆者作成。

　表4-4からわかるように、企業数・従業員数共に中小企業が大きな割合を占めている。日本の製造業における中小企業の技術力[10]は世界的にも高い評価を受けている。また、中小企業庁（2016）は、経営的に成功している中小企業の特徴として、①IT投資の成功、②海外展開の成功、③リスクマネジメントの導入があげられている。

　しかし、中小企業全体でみると企業収益と売上高は大企業に比べ少なくなっている。また、大企業の景気感は、+13.0％であるのに対して、中小企業は+1.0％にとどまっている（日本銀行 2015）。中小企業庁（2016）は、現在の中小企業の課題として、①国内市場の縮小、②人材不足、③設備の老朽化をあげている。

　①国内市場の縮小については、まず人口減少や、消費動向が挙げられる。下請けとして企業活動を行っている中小企業は、その他に、発注元企業の生産拠点の海外移転による受注減少や、外国の製造業やIT企業の国内進出による競争激化も原因としてあげられる。

　②人材不足は、中でも深刻であり、日本商工会議所（2015）では、調査対象の全業種で人材不足感を感じているとの調査結果となっている。人口減少・少子高齢化の他に、人材を求める企業と就職希望者の間でのミスマッチが要因としてあげられ、中小企業庁では研究会を開催し対策を検討している。また、先に成功要因としてあげられていたIT投資の成功や、海外展開の成功について、実行できていない企業の調査では、IT投資や海外展開を担当できる人材不足をあげる企業が多い。これらの人材は、労働市場に存在しないわけではなく、中小企業とこれらの人材のマッチング機会が不足していることや、中小企

業の労働環境が整備できていないことが要因としてあげられる。

③設備の老朽化に関しては、景気感が改善していないことや、後継者の不在により設備投資に関するインセンティブを持っていないことが要因としてあげられる。また、リーマンショック以降の金融機関による貸付状況などを見ると、大企業の資金調達がリーマンショック以前まで回復しているのに対し、中小企業は横這いの傾向にある。インセンティブが十分にないことと、インセンティブがあったとしても、資金調達手段が乏しいことも設備投資が増加しない原因といえる。

社会経済に果たす中小企業の役割は、今後も重要な地位を占めることとなる。中小企業についてのケーススタディを行うことで、企業の存続や成長に関する知見を得ることができるといえる。

4. 企業の目的と責任

企業の目的と責任について、2006年の会社法施行以降の企業形態を特に私企業を中心に概説した。各項目についてより詳細な内容は、それらを専門的に扱う文献などで確認して欲しい。

注
1) 本講では、日本法上の企業について扱う。企業の概念は、各国で異なるため、他国の企業を分析の対象とする場合注意が必要である。
2) 独占市場や寡占市場などでは、顧客のニーズを充足しきらないことが利潤最大化のために合理的となる場合もある。
3) corporate social responsibility
4) 一般的に、企業と会社は同一の概念として取り扱われることも多い。図4-2からもわかるとおり、企業として整理した場合、個人事業主も分析の対象となる。一方、会社には通常個人事業主が含まれない。そのため、
5) 戦後処理や、1980年代以降の民営化路線により、狭義の国営企業は存在しない。例示する企業を含め、政府が経営権を維持できる比率の株式を有する株主である企業

6) 世界初の株式会社はオランダ東インド会社であるとされている。当時欧州と東南アジア諸国との航海や取引には多大なリスクが伴った。
7) Limited Liability Company
8) 出資者の所得にのみ課税し、法人の所得に課税しない制度。
9) 旅館業、ソフトウエア業、情報処理サービス業等は個別法で表4-3とは異なる中小企業の定義を行っている。
10) 優れた技術を持つ中小企業については、中小企業庁のHPで紹介されている。

参考文献

Kraakman, Reinier R. et al., *The Anatomy of Corporate Law:A Comparative and Functional Approach*, 2004, Oxford University Press.
岩井克人『会社はだれのものか』平凡社、2005年。
統計局「平成26年経済センサス - 基礎調査」、2016年。
 (http://www.e-stat.go.jp/SG1/estat/List.do?bid=000000106460 0&cycode=0)2017.3.12 閲覧。
中小企業庁『中小企業白書』2015年。
ピーター・F・ドラッカー『マネジメント［エッセンシャル版］−基本と原則』49版(上田惇生)、ダイヤモンド出版、2001年。
堀内勇世「会社法下の保有割合と株主の権利等　2015年5月1日から施行される、改正された会社法を前提に」大和総研、2011年。
日本銀行「全国企業短期経済観測調査」2015年。
日本政策投資銀行「人手不足等に関する対策調査」2015年。

第5講　日本的経営

1. 日本的経営とは

　日本的経営とは、高度成長期を中心に日本企業で広く導入されている経営手法で、共通した特徴的な慣行を包括した概念である。なかでも、「終身雇用」「年功序列」「企業内組合」は「三種の神器」として知られている。

　諸外国の技術を取り入れながら日本固有の慣行を融合させた日本的経営は、日本の企業を成長させるとともに競争優位をもたらし世界中から高く評価されてきた[1]。終身雇用、年功序列、企業内組合は、企業における経営資源（ヒト、モノ、カネ、情報）の一つ「ヒト」に対して、企業がどのような考えで雇用するかを示すものであり、人事システムに集中していることがわかる。

　日本的といわれる人事システムの特徴を示すことばに「家族主義経営」がある。家族主義経営とは、「会社は従業員のもの」という価値観や「和を重んじる」といった理念のもと、企業を家族に擬制して親が子の面倒をみるように企業が労働者の面倒をみる考えである。この考えが終身雇用、年功序列、企業内組合が浸透し機能してきた土壌となっている。

　しかし、高度成長期、バブル経済期を経て、低成長期、回復感なき景気が続くなど景況は常に変動し、また高度情報化、グローバル化の進展など、経営環境がめまぐるしく変化するなか、日本企業は存続・成長を遂げるため手法を変えながら経営して、同時に、労働者である「ヒト」の意識も時代とともに変化している。

　本講では、日本的経営のなかでも、終身雇用、年功序列、企業内組合の仕組

みを説明し、時代の流れを踏まえた日本的経営の変容、そしてこれからの人材マネジメントについて考える。

(1) 終身雇用

終身雇用とは、「身が終わるまで雇用される」ことであり、正社員として雇用された場合に働く者として身が終わる（つまり、定年を迎える）まで解雇されることなく働き続けることができる慣行のことである。これは、戦後、日本経済を躍進的に復興・成長させた日本企業の経営手法に注目し、欧米の経営手法と比較した文化人類学者アベグレン（James Christian Abegglen）により『日本の経営』(1958年)で示された、日本企業経営にみられる特徴的な慣行である[2]。

業績が振るわないとき、企業は重くのしかかる人件費を軽減するために雇用調整に着手する。アメリカ合衆国では量的調整つまりレイオフ（景気回復後に再雇用する条件で解雇する制度）により労働者数を減らして調整する傾向が強いが、日本ではレイオフせず価格的調整つまり賞与カットや労働時間の短縮により人件費の額を削減し対応する傾向が強い。終身雇用の制度を導入している日本企業は一度正社員として採用すると、それぞれの企業が就業規則で定めている解雇事由に該当する行為がなければ定年まで長期的な雇用を保障している。アベグレンは、この慣行を企業と従業員間の社会契約であると表現し、「会社ではたらく人たち全員の経済的な安全を確保するために全員が協力するという約束である。」としている[3]。

企業が積極的に終身雇用の制度を導入していた1950年代は、神武景気(1954年12月～1957年6月)、岩戸景気(1958年7月～1961年12月)と名付けられた好況期で、大量に生産・流通・消費する「作れば売れる時代」であった。そのため、多くの企業は労働力不足という経営課題を抱え、労働者を多く確保することが企業経営にとって不可欠であった。そこで、終身雇用という長期雇用の制度を示すことで安心を与え、新規学卒者の一括採用に結び付けることで経営課題の改善を狙った[4]。また、長期雇用をすることにより、企業にノウハウが蓄積できる効果もあり、終身雇用は慣行化されてきた。

(2) 年功序列

年功序列とは、年齢や勤続年数など企業で積み重ねてきた経験、つまり年功に応じて昇進や昇格、賃金を決める人事システムに関する慣行のことである。

年齢や勤続年数が高まるほど職位や賃金が高まる傾向は、日本以外の諸外国においてもみられることである。日本においてもすべての人が年功とともに昇進・昇格をすることはなく、完全に年功序列であるわけではない。「日本的」と称される理由は、「年齢の序列と賃金や地位の序列の逆転をなるべくさけようとする人事慣行」である点にある[5]。その結果、年功と賃金の間に強い相関がみられることとなる。

企業は、勤続期間が長い労働者ほど多くの教育を受け、その成果として企業が求める人材に成長していると考える。よって年功序列は正当に機能すると捉えられてきた。労働者は雇用や地位を巡る安心感に加えて、勤続年数を積む（年功を積む）ほど「生活が安定し、生活の質を向上させることができる」という期待感を高める。

終身雇用に加えて、この年功序列の人事システムを慣行することにより、労働者は雇用され続けることで昇進や昇格ができる期待感から企業への忠誠心とモチベーションが高まり、企業は高い生産性の維持を可能とし、さらなる企業経営の成長をもたらす人事システムとして捉え、年功序列は慣行化されてきた。

(3) 企業内組合

企業内組合とは、個別の企業を単位として企業別に労働者を組合員として組織化した、日本において多くみられる労働組合のことである。一部の管理職を除く、雇用されているすべての労働者が組合員となる。日本には少なく諸外国に多い産業別労働組合（企業の枠を超えて同じ産業に従事する労働者によって組織される労働組合）や職種別労働組合（企業や産業の枠を超えて同じ職種に従事する労働者によって組織される労働組合）とは異なる特徴を有している。日本においては、属している特定の産業や職種に帰属意識をもっている労働者は少なく、勤務している企業に対して帰属意識を持っている労働者が多いため、企業ごとに企業

内に組織された企業内組合がより有効となる。

　企業内組合は、事務職や営業職、販売職、技術職、研究職といった職種に関係なく、企業と長期的な雇用関係があれば企業内の労働者が同一の組合員となるため、企業の存続・成長をはじめとする企業と労働者の利害が一致しやすく、労使の協力体制を築きやすい特徴がある。一方で、労働者が経営側に対して賃上げや労働条件の改善を求めるような労使間交渉の場面などでは、組合の交渉力が強くなる特徴もある。

　労働組合としての歴史は、18世紀半ばに始まった。産業革命によって、熟練労働者が多く働いていた工場に未熟練労働者があふれるようになったことで、労働者の賃金が下げられる一方で、経営者の利益が大きくなったことに不満を持つ労働者が団結し、労働組合が結成されるようになった。このように、労働者の権利を守る仕組みとして導入された労働組合だが、日本においては近代化政策とともに現れた工場労働者により初の労働組合が結成されたといわれている。

　戦時中、国内の全ての労働組合は解散させられたが、かわりに戦争協力を目的とした労働団体組織「産業報国会」が職場ごとに作られた。産業報国会は、労働者に働きかけて士気を高めることを目的とした組織であったが、労働組合の経験者が起用される例が多く、労働者の不満を吸収・解決するなどの機能も果たしていた。そして戦後、終身雇用が慣行化し、労働者の企業に対する帰属意識が強くなったこともあり、企業単位で捉える企業内組合が固定化していった。

　現在も、日本においては大企業を中心に多くが企業内組合を有しているが、労働組合の幹部経験者が経営者に出世するなど、労働者と経営者が一体化している傾向が強い。

　しかし、雇用の流動性が高い諸外国においては、労働者と経営者が一体化する傾向は見受けられないため、同一産業に属する労働者間の競争を排除し、一定の権利を手にするために、産業別労働組合や職種別労働組合が多くみられるのである。産業別労働組合や職種別労働組合では、同一労働同一賃金を実現し

やすく、その結果、同業間での転職が容易となり、雇用がさらに流動化する傾向がみられる。

2. 日本的経営の変容

　日本的経営と称される日本企業にみられる共通した特徴的な慣行は、景気拡大期には有効に機能し、企業を成長させ好況を後押ししてきた。特に、高度成長期に多くの企業が抱えていた労働力不足という経営課題を終身雇用、年功序列、企業内組合を切り札に多くの新規学卒者を一括採用することで改善した。また、低賃金の若年者を労働力とすることで人件費の抑制効果をもたらせたり、労働者の生活の安定と質の向上を実現することで帰属意識を高め、生産性を向上して企業規模を拡大させることでポストを増やし年功序列を機能させてきたりした。さらに、企業の労使間の実態に即した課題解決を企業内組合で対処することで、安定した労使関係を構築・維持してきた。

　しかし、バブル景気が崩壊した1990年代以降、日本的経営は揺らぎをみせている。日本的経営が見直されることとなった背景と日本的経営の現状について考える。

(1) 日本的経営が変容した背景

　日本的経営が見直されることとなった背景には、長期にわたる不況がもたらした労働市場の変化、IT革命の影響、労働者の意識変化など、様々な要因がある。

　1990年代以降、企業においては経営環境の変化を見極め、企業が存続・成長するために従来の事業を見直し、不採算部門から成長部門へ経営資源の再配分をしたり、組織を簡略化したりして、業績改善を目指した事業の再構築に努めた。また、海外への生産拠点の移転が進んだことに伴い、国内工場を中心に長期雇用の慣行に変化がみられ、非正規労働者が多くなった。

　経営資源である「ヒト」に関してもミスマッチが生じ、従来から現有してい

た労働者に余剰が出る一方で、必要とする能力を有している労働者を中途採用する動きが目立った。

また、「作れば売れる時代」が終焉し、モノが市場に溢れる飽和時代を迎えたことで、企業では多様なニーズを満たす製品開発が求められるようになり、労働者にも市場を先読みする創造力などが求められるようになった。さらに、情報技術の急激な進歩と浸透によって企業経営に求められる変革のスピードが加速した。しかし、長引く不況下で業績が芳しくない企業においては、これらの環境変化に対応した人材育成に充てる時間と費用に余裕が無いうえ、「OJT (On the Job Training)」による社内の人材育成が機能しないため、「即戦力」となる人材を中途採用で確保する企業が増えるなどの状況下で、終身雇用と年功序列の慣行が見直されるようになった。

労働者側も、生涯同じ企業で働き続けたいと考える意識が薄れ、自己実現のために資格を取得し、適性に応じて転職を望む傾向が強まった。労働者自身の生き方・職業意識が多様化したことに加えて、転職しやすい新たな労働市場が創造されたことも雇用の流動化に拍車をかけた。

このように企業内外を取り巻く環境が変化したことにより、企業にとって日本的経営の慣行は足かせとなり、労働者にとってはメリットが薄れているといった指摘を受ける機会が増えた。

(2) 日本的経営の現状

日本的経営の問題点を指摘する声が高まり始めた2000年代、アベグレンは、ILO（国際労働機関）が発表した2000年の日本人の平均勤続年数が1992年よりも長くなっていることを理由に、日本企業において終身雇用が崩壊したとする指摘に反論している[6]。厚生労働省の調査などでは、日本企業において定年制を定めている比率は9割を超えているものの、パートタイム労働者や派遣労働者に代表される非正規労働者の割合は確実に増加している。

1993年以降、「年功は能力ではない」という認識の下、年功序列を見直す企業が増え、労働者のモチベーションを高め目標達成意欲を駆り立て意識改革

を促すことを期待して、業務の成果を評価して昇進や賃金を決定する成果主義による賃金制度を導入する企業が台頭した。しかし、高い評価を得るために達成可能な低い目標を設定する労働者が存在するなどの新たな課題が浮上し、この課題を改善するために、成果に加えて能力も評価する制度に見直す動きがあるなど、年功序列で賃金を決める慣行は変化している。

　企業内組合に関しては、労働条件を改善することよりも雇用確保に重点を置かざるを得ない時代もあり、労使間は対立するよりも協力関係がみられることも少なくはなく、企業内労働組合の役割は低下している。もとより組合組織率が低かった第3次産業に労働者数がシフトしていることもあり、組合そのものの存在意義が著しく低下したとアベグレンは指摘している[7]。

3. 新たな人材マネジメント

　バブル景気の崩壊やリーマン不況に直面した大企業の倒産は、労働者だけでなく企業の雇用に対する意識を変革した。労働者は終身雇用や年功序列がもたらす生活の安定と質の向上を手にする安心どころか、不況が長期にわたるなかで自らの雇用され方・働き方に関して取捨選択を迫られる確率が高まったことで意識が高まり、その結果、企業内には、エンプロイアビリティを向上させて企業のコア人材になるべく能力開発に努める人、他の企業でも求められる人材となるよう自己啓発に挑む人が増えた。また、リストラが断行される現実を目の当たりにして企業への忠誠心や帰属意識が薄れながら働く人、就労意識は低いにもかかわらず働かざるを得ない人など、「就社」「就業」に対して、様々な意識を持つ人が混在するようになった。そのため、企業は労働者が抱いている様々な意識を把握しコントロールしながら、労働生産性を向上させなければならなくなった。

　また、終身雇用という長期雇用の制度を示すことで改善してきた高度成長期の労働力不足とは異なり、少子高齢化や若年者を中心とする早期離職を背景に生じている労働力不足の課題を改善するために、従来の日本的経営とは異なっ

た新たな人材マネジメントを展開する必要が生じている。

(1) 人材確保・育成のあり方の変化

　高度経済成長期と現在とでは、労働力調査（総務省統計局）の対象となる 15 歳以上 65 歳未満を指す生産年齢人口、生産年齢人口における年齢階層別の分布は大きく異なっている。それは企業内における労働者の年齢階層別の分布においても同様で、人材確保・育成の在り方に変化を及ぼす一因となっている。

　高度成長期は、大量生産・販売・消費を可能とするため終身雇用と年功序列をうたい文句に多くの若年者、新規学卒者を一括して採用し確保してきた。年齢階層別では年功の高い管理職や高度な技能・知識を有した労働者比率は低く、OJT やジョブ・ローテーションを行うことにより、年功が高い労働者が年功の低い労働者を育成し、終身雇用の下で時間とお金をかけながら優れた技能・知識を有する人材を蓄積する人材育成の在り方が有効に機能していた。

　OJT とは、日々の業務に従事しながら仕事を覚え、積み重ねることによって技能・知識を向上させていく人材育成の方法で、日本企業が独自に開発したものである。それに対し、社内外の講習会や研修会に労働者を参加させ、OJT では習得できない技術・知識を教育することを「OFF-JT（Off the Job Training）」という。人材育成には、OJT と OFF-JT のほか、仕事に関する技能・知識などを自主的に向上・啓発する労働者に対して企業が援助する自己啓発制度などがある。

　現在は、生き残りをかけた企業経営にスピードが求められたり、企業が長年時間とお金をかけて蓄積してきた技能・知識と市場が求めているものに差異が生じたりするなど、企業を取り巻く外部環境が激しく変化するため、求める能力を有する人材を中途採用し確保する動きが活発化するなど、人材確保・育成の在り方は変化している。「即戦力」を求める動きは、入社前に指定された資格を取得することを求めたり、内定してから入社するまでの時間を利用して、アルバイトや入社前研修などの体裁で業務を理解し、習得させたりする企業が台頭するなどし、新規学卒者にも影響を及ぼしている。

激変する環境下で企業が生き残っていくためには、OJTとOFF-JT、自己啓発制度などを組み合わせ、時代の要請に遅れをとらない効率的で効果的な人材育成が必要である。

(2) 現代の労働力不足

　今後ますます進むと予測される少子高齢化は、社会保障制度や消費マーケットへ大きな影響を与えるだけでなく、労働力および高度技能を有する人材を確保できるかの懸念も生む。企業の労働力の中核をなす生産年齢人口は、すでに1998年をピークに減少している。これは、一人の女性が一生に産む子供の平均人数を示す「合計特殊出生率」の低下傾向が続き、出生してから15年以後の生産年齢人口に影響し始める時代に入ったためである。

　労働力不足を解消するために、高年齢者の労働力確保を狙い、2013年4月改正高年齢者雇用安定法が施行され、段階的に希望する労働者全てを65歳まで雇用することを企業に義務付けた。高年齢者の労働力を企業に留める狙いには、これらの労働者が終身雇用の下、長年企業に従事したことで高度な知識・技能を有し、企業文化も熟知した優れた人材であることも含まれている。

　人口が減少するなか人材確保が困難になっていることに加えて、「七五三現象」を代表する若年者層を中心とした早期離職の問題もある。「七五三現象」とは、学校卒業後初めて就職した企業を中学卒業後就職した人の7割、高校卒業後就職した人の5割、大学卒業後就職した人の3割が、3年以内に離職している現状を示す。若年者が挙げる離職理由は、仕事内容のミスマッチ、人的関係のミスマッチ、企業風土とのミスマッチのほか、キャリア形成への不満を指摘する声が多い。

　多様で個人主義的な短期雇用者が増加しているなかで、企業は自社の経営ビジョンを実現するために人材を確保・育成・定着させる人材マネジメントに取り組むことが急務となっている。

(3) 多様な働き方を目指す「ワーク・ライフ・バランス」の推進

　人口の減少に加えて離職率の高まりにより労働力人口の減少が懸念されている環境下で、企業が持続的な成長を遂げるためには、労働生産性の向上、就業率の向上を実現する取り組みが不可欠となる。労働生産性を向上させるためには、新たな付加価値を創造して付加価値額を増大させるほか、組織・業務の合理化、能力が高い設備への切り替えなどに取り組む必要がある[8]。また、近年では「ワーク・ライフ・バランス」が注目されており、多様な働き方ができる環境を整備することで労働生産性の向上と就業率の向上を狙い、推進している企業もある。

　ワーク・ライフ・バランスの推進が唱えられるようになった背景に、「働き方の二極化」がある。働き方の二極化とは、長時間で過酷な労働をしている正社員が増加する一方で、ワーキング・プアをはじめ生活に不安を抱きながら働く非正社員数が増加している現状を示している。「働く」ことは、充実した生活・人生を送るために必要な収入を得る重要な行為であり、やりがいを見出すことでもある。しかし、過酷な労働により精神疾患となったり、過労死・自殺したり、家庭が崩壊してしまうケースが増えたため、働き方を改善すべきであるとする声が高まり、注目されるようになったのがワーク・ライフ・バランスである。

　ワーク・ライフ・バランスは様々な機関により定義されている言葉だが、内閣府のワーク・ライフ・バランス憲章では、仕事（work）と生活（life）の調和（balance）がとれた社会とは、「国民一人ひとりがやりがいや充実感を感じながら働き、仕事上の責任を果たすとともに、家庭や地域生活などにおいても、子育て期、中高年期といった人生の各段階に応じて多様な生き方が選択・実現できる社会」、具体的には、①就労による経済的自立が可能な社会、②健康で豊かな生活のための時間が確保できる社会、③多様な働き方・生き方が選択できる社会、としている。

　日本的経営が機能した高度成長期と現在とでは、企業を取り巻く経営環境だけではなく、労働者の生活スタイルや家族構成も大きく異なっている。少子高齢化が進展するこれからにおいて、一人の人間が職場や家庭、地域などで多く

の役割を担う可能性を含んでいる。持続可能な企業経営を目指す人材マネジメントには、子育てや介護、地域活動と就労を両立させすることができるシステムの構築が求められ、懸念されている労働力人口を確保・育成・定着する全員参加型社会の構築が急務である。

注・参考文献

1) 原田実・安井恒則『新・日本的経営と労務管理』ミネルヴァ書房、2000年、1ページ。
2) James C.Abegglen, *The Japanese Factory-Aspects of its Social Organization*, Free Press, 1958. (山岡洋一訳『日本の経営』日本経済新聞社、2004年)。「終身の関係（lifetime commitment）」とされていたが、のちに一般的に「終身雇用制」と呼ばれるようになった。
3) James C.Abegglen, *21st CENTURY JAPANESE MANEGEMENT : New Systems*, Lasting Values 2004. (山岡洋一訳『新・日本の経営』日本経済新聞社、2004年、118ページ)。
4) 伊丹敬之・加護野忠雄『ゼミナール経営学入門』第3版 日本経済新聞出版社、2004年、227〜229ページ。
5) 加護野忠雄・吉村典久『1からの経営学』碩学舎、2008年、60ページ。
6) 伊丹敬之・加護野忠雄『ゼミナール経営学入門』第3版 日本経済新聞出版社、2004年、229ページ。
7) 前掲書、119〜130ページ。
8) 三重労使雇用支援機構・三重労働局・三重県「ワーク・ライフ・バランス（仕事と生活の調和）実態調査報告書」、2012年。

第6講　経営組織

1. 組織とは

　現代社会には、多種多様な組織が存在している。組織には、企業、学校、病院、市町村役場、警察、消防などがある。組織が存在するには、必ずその理由が考えられる。その理由は、その組織が設立された大きな目的にある。学校であれば「教育」を、病院であれば「治療」を、市町村役場であれば「市民の支え」を、警察であれば「治安」を、消防であれば「災害」などを目的としている。それぞれの組織には目的が必ずある。
　しかし、組織とはいったい何であろうと考えた場合、まだまだ理解が難しい。その悩みを解決してくれるのがバーナード（Chester Irving Barnard）であろう。まずは、組織を理解するために、バーナード理論についてみてみることとする。

2. 組織とバーナード理論

　バーナードは主書である『経営者の役割』の中で、組織の本質について説明している。この説明が、組織を理解する場合に最もわかり易く明確である。
　バーナードは、組織はどのような状況でできるのかを示し、「人間は自由な意思を持ち、自由に行動する」との考えから組織の理論を組み立てている。バーナードの考えでは、「二人以上の人が集まった集団」を組織と定義し、組織ができ上がるための要素として、「共通目的」「貢献意欲」「コミュニケーション」の3つを挙げている。

「共通目的」とは、組織には目的がなければならない。目的が明確ならメンバーは組織のためにどんな協力をすればいいのかを理解できる。さらに、各人が分担して仕事を行うことができるようになる。すなわち、組織に参加するメンバーは、その目的をしっかりと理解していることが大切であるとしている。

「貢献意欲」とは、組織に参加するメンバーは、組織のために頑張ろうとする意欲をもたなければならない。また、自分が働いた以上に評価（給料など）がある場合は、意欲が高くなるか現状が維持される。しかし、自分が働いたことへの評価が低い場合は、意欲は現状維持ができずにほぼ低下する。このように、組織から与えられた評価は、組織に参加する人への「貢献意欲」を左右する役目をはたすとしている。

「コミュニケーション」とは、組織に参加する人にとって、それぞれの考え方や意思を伝達することによって、他の意見や情報を交換し、他の考え方や意思を理解するために必要である。すなわち、「コミュニケーション」には、組織の目的を理解させる役割や貢献意欲を高める役割がある。

さらに、バーナードは、組織を存続させるためには、「内部均衡」と「外部均衡」の2つが必要だと考えた。

「内部均衡」とは、組織に参加するメンバーの労働意欲の減少や能率低下がおこらないようにすることである。すなわち、「共通目的」「貢献意欲」「コミュニケーション」の三要素のバランスを保ちながら、組織に参加する人の労働意欲を引き出すことにある。

そもそもバーナードは、「人間は自由な意思を持ち、自由に行動する」との考えから、自分の目的のために行動する人間がいて当たり前と考えている。現実には、労働者は働いて給料をもらうことが個人の目的になっている。個人の目的と組織の目的が共通目的であれば問題ないが、少し目的には違いがある。その違いを埋めるために、労働者が頑張ってくれた時には、組織から褒美を出し、労働意欲が下がらないようにすることが大切としている。

「外部均衡」とは、組織の外側にある環境とのバランスである。組織の目的は外部環境とバランスを保てなければならず、このバランスを保つことによっ

て、組織は有効なものとなり、目的達成の可能性が高くなる。

　逆に、組織は外部環境とのつながりを必ずもっているために、もし、組織が外部環境に受け入れてもらえなくなれば、組織の目的達成は不可能となる。いくら内部環境が素晴らしい組織でも、外部環境が悪ければ組織の目的を達成することはできない。

　このように2つの「内部均衡」と「外部均衡」は、組織を維持していくためには大切な条件になる。組織の目的を達成した時には、メンバーは組織から褒美を与えられ、結果的には、その褒美が労働者の貢献意欲を引き出すことになる。

3. 組織の諸形態

　経営学では特に、企業組織を取り上げて研究がなされている。企業組織の中でも、私たちと関連が深い製造業を考える場合が多い。この章では、基本的に製造業を取り上げている。

　また、組織と戦略には深い関係が存在している。チャンドラー（Alfred DuPont Chandler Jr.）は「組織は戦略に従う」といい、アンゾフ（H. Igor Ansoff）は「戦略は組織に従う」とそれぞれが定義している。チャンドラーのいう組織は、組織構造（外部環境や事業特性、戦略などを考慮して設計された組織の形態）を意味し、アンゾフのいう組織は、組織文化（組織のメンバーが共有するものの考え方、ものの見方、感じ方）を意味している。

　すなわち、チャンドラーもアンゾフも、戦略目標を達成するために組織は重要であると考えていたことに間違いない。

　企業組織が、その戦略目的を達成するために必要とする組織には、どのような組織形態が考え出されているのであろう。その組織形態について知っておくことが、経営組織を理解するうえで最も基礎的であり、最も大切なことである。

　では、代表的な組織の基本形態をみてみよう。現実の組織形態には数多くが存在する。しかし、ここでは、一般的な組織形態として取り上げられることが

多い、①ライン組織、②ファンクショナル組織、③ライン・アンド・スタッフ組織、④プロジェクト組織、⑤職能別組織、⑥事業部制組織、⑦マトリックス組織、⑧ネットワーク組織、⑨フラット組織について説明する。

この9種類の組織形態こそ、組織を理解するうえで、経営学を学ぶのであれば最低限度知っておくべきである。

そこで、これらの特徴をできる限りわかり易く簡潔にまとめた。また、図を必要とする組織形態には、基本的な組織図を示しながら説明している。

①ライン組織

上から下への命令系統によって結ばれている組織で、部下は直属の上司からの命令を受け取る。一つの命令系統であるため、上司から部下に対する命令内容によって結果に大きな違いが生じる場合もある。すなわち、上司の能力によって、その結果に大きな違いが生じやすい。

図6-1　ライン組織

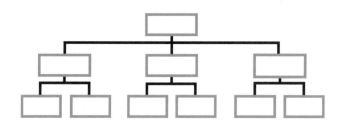

②ファンクショナル組織

テイラーが提唱した、職能的職長制度に基づく組織で、部下には職能別に上司が存在し、職能に基づいた命令を受ける。この組織では、職能分化によって職能別に管理者がいるので、管理者の負担が軽減される。しかし、命令系統が複雑になるため、命令に重複や矛盾が生じやすい。すなわち、期待した結果と、そうでない結果が生まれてしまうこともある。

図6-2　ファンクショナル組織

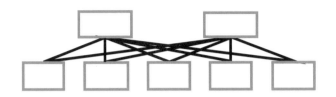

③ライン・アンド・スタッフ組織

　ライン組織とファンクショナル組織の長所を取り入れた組織で、ライン組織の命令の統一性を保ち、さらには、ファンクショナル組織の専門化の利点を生かすために考えられた。ライン組織の命令の統一性を保つことと、ファンクショナル組織の専門化の利点を生かさせることのバランスを保つことができるかによって、その組織の機能には大きな影響がある。

図6-3　ライン・アンド・スタッフ組織

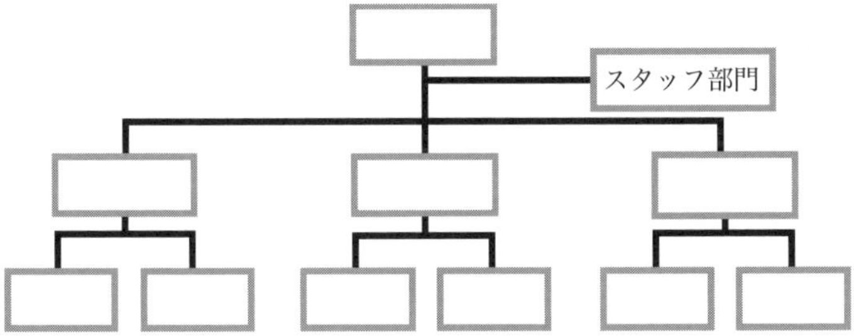

④プロジェクト組織

　特定のプロジェクトを実行するための一時的な組織である。この組織は、必要な経営資源である「ヒト」「モノ」「カネ」「情報」を社内横断的に集めて組織を形成している。戦略目標によって、その都度に形成される組織である。期間の限られた短期目標を達成するには向いている。しかし、長期目標には向いていない場合もある。プロジェクトが終了すると必ず解散する。

⑤職能別組織

　最も一般的な形態で、製造、販売、財務、人事などのように、業務の内容に応じて分化している。専門領域が明確になるため効率的に仕事を進められるが、部門間での壁ができる恐れがある。すなわち、複数事業を営む場合は不向きでもある。それは、それぞれの事業を統一して管理する機能が存在しないことである。

図 6-4　職能別組織

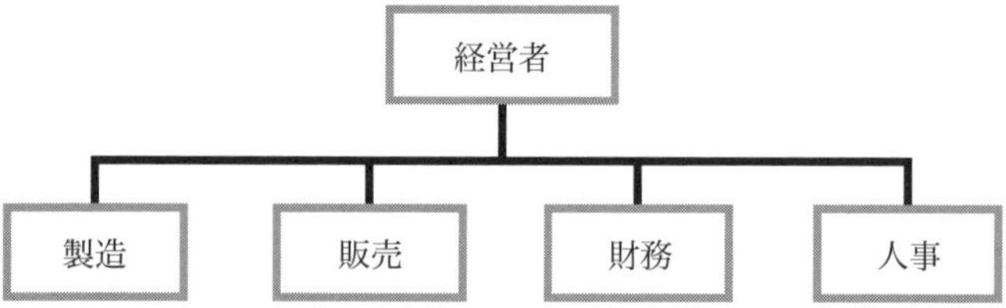

```
                経営者
    ┌──────┬──────┼──────┬──────┐
   製造    販売    財務    人事
```

⑥事業部制組織

　1920年代にアメリカのゼネラル・モータース社やデュポン社などによって採用された組織形態である。本格的に普及し製品別、地域別、顧客別に部門化して事業部を形成し、本社機構がそれぞれの事業部を統轄する形態である。また、各事業部内で一連の機能が完結するため、全社的な意思決定の調整が難しいこともある。

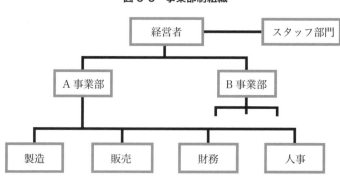

図 6-5　事業部制組織

⑦マトリックス組織

　2つの異なる編成原理に基づいて、従来の組織の欠点を克服し、より柔軟で効率的な組織を目指したものである。それは、職能別組織にそれら各機能を横断する事業部などを交差させ、構成員は専門とする職能部門と事業を遂行する部門の両方に所属する組織である。

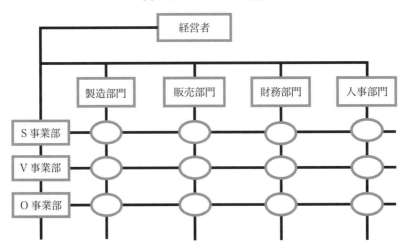

図6-6　マトリックス組織

⑧ネットワーク組織

　ライン組織のようなヒエラルキー（階層制や階級制）を考えない、新しい編成原理に基づいて形成されるものである。しかし、ネットワーク組織は、自主的な参加を前提とした緩やかな結びつきでしかないために、強制できないという弱点がある。

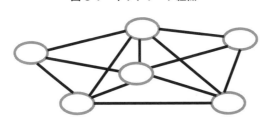

図6-7　ネットワーク組織

⑨フラット組織（文鎮型組織）

　1990年代のバブル崩壊後の景気低迷の中で、多くの日本企業が行ったのが、組織のフラット化であった。組織階層を出来るだけ減らし、上下のコミュニケーションを改善することによって、市場変化に対応して迅速で適切な意思決定を行い、状況変化に柔軟な対応をするために導入された。

図6-8　フラット組織

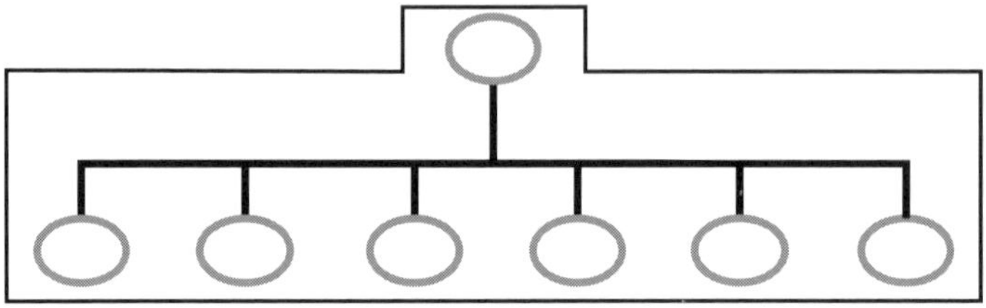

4.　組織への参加

　先にもみたが、バーナードの考えでは、「二人以上の人が集まった集団を組織」と定義し、組織ができ上がるための三要素として、「共通目的」「貢献意欲」「コミュニケーション」を挙げている。しかし、組織を維持させるためには、組織に参加している人に、その組織に参加している他の人との人間関係などの調整を意識的に行っていることを忘れてはならない。おそらく、人が組織に参加し、その組織が維持できているのは、参加者による意識的な調整が行われているからこそ、組織は成り立っている。

　では、意識的な調整力とはどのようなものなのであろうか。それは、決して難しいことではない。どちらかというと、組織に参加する前から、この意識的な調整が行えると考えているからこそ、その組織に参加するのであろう。ただし、その意識的な調整ができなくなった場合に、その組織に参加していた人も、自然とその組織から離脱してしまう。

　組織から離脱するにはそれだけの理由が存在することも事実である。その理

由が、本人の問題であるのか、または、その他が関係しているのかは、そのケースによって異なる。すなわち、組織に参加している人の、「やる気がある＝参加意識が高い」とか「やる気がない＝参加意識が低い」というような簡単な理由ではない。必ずしも、「やる気がない＝参加意識が低い」から、その組織には参加したくないのではない。だから、組織に参加するために、意識的な調整を行ってまで所属したくないと考えることによって離脱する。

意識的な調整力は決して難しいものではないといったが、継続して、同じ意識を思った状況で組織に参加し続けることは簡単ではないことも事実である。そこで、組織に参加する人が「やる気がある＝参加意識が高い」状況を継続するための研究が進められることとなった。それは、立派な組織という箱を作ることから、組織をいかにうまく運営するかへの課題に取り組むこととなる。

組織運営に関する研究は、さまざまな角度から行われている。組織行動論という分野がまさしく、この問題に取り組んだ研究成果である。その中でも、個人の価値観の多様性が組織の運営に大きな影響があるとして論じているのが、エドガー・シャイン（Edgar Henry Schein）である。以下の節で、シャインの4つの人間モデルについてみてみる。

5. 組織と個人の価値観

経営学で、個人の管理が必要と考えられてから100年以上になる。経営者が、個人の人間観をどの様に理解してきたのかを考えた場合、その変遷過程の中に、4つの人間モデルが存在していたと捉えたのが、シャインである。

シャインは、経営学における人間モデルの変遷を、「経済人モデル」「社会人モデル」「自己実現人モデル」「複雑人モデル」の4つに類型している。

「経済人モデル」とは、テイラー（Frederick Winslow Taylor）の提唱したモデルで、経済的報酬によって人々の行動が変わる考え方である。「社会人モデル」とは、メイヨー（George Elton Mayo）の提唱したモデルで、人は経済的報酬だけで動くのではなく、グループに属したいという欲求をもって行動する考え

方である。「自己実現人モデル」とは、マズロー（Abraham Harold Maslow）の提唱したモデルで、人は他律的に行動するのではなく、自律的に行動し、自分らしく生きたいとの考えから行動をする考え方である。「複雑人モデル」とは、シャイン（Edgar Henry Schein）の提唱したモデルで、人々の欲求の多様性と同じく、人間の中にある欲求の重層性を前提に人間を捉える考え方である。特に、4つの人間モデルの中でも、「複雑人モデル」に関して少し詳しくみてみる。

「複雑人モデル」を提唱したシャインは、単純に「経済的」「社会的」「自己実現的」な考え方だけでは、人の動機づけは難しいとしている。すなわち、「経済的」「社会的」「自己実現的」だけに限定せず、家庭生活や地域生活、趣味等のさまざまな生活を視野に入れた、複雑で総合的で変化に富むものと捉え、人の動機づけを理解する方法として、「キャリア・アンカー」の考え方を示した。それには、①能力・才能（できること）、②欲求・欲望（やりたいこと）、③価値観（意義や幸福感を感じられること）の3つの要素があるとして、人の動機づけに大きな影響力をもっているとしている。

さらに、シャインは、8つの領域である、①専門・職種別コンピタンス（専門性・技術・知識などに価値を置き、それらを発揮することを重要視する）、②全般管理コンピタンス（管理的業務に価値を置き、マネジメントや責任のある立場を重要視する）、③自律と独立（自由や独立に価値を置き、組織を離れた自律的活動を重要視する）、④保障や安定（安全性や確実性に価値を置き、リスクを最小限にすることを重要視する）、⑤起業家的創造性（創造することに価値を置き、新しいアイディア・商品・しくみを作ることを重要視する）、⑥奉仕や社会貢献（人の役に立つ、社会に貢献することに価値を置き、重要視する）、⑦純粋な挑戦（困難に立ち向かう、チャレンジそのものに価値を置き、重要視する）、⑧生活様式（家庭・家族・ライフスタイルを保つことに価値を置き、重要視する）があると提唱している。

この8つの領域で、最も大切にしたいものと、反対にそれほど重要視していないものから、重要視することと、重要視しないことの両面から考えることで、自分の「キャリア・アンカー」を探ることができると述べている。

「キャリア・アンカー」は、どちらかというと、自分の内面的な考え方である。

しかし、実際に働くことによって、個人の希望だけを貫くことはできず、個人の要望と企業の要望等を調整する必要がある。自分の内面的な考え方だけでなく、外面的な考え方も必要であるとの考えから、この考え方を「キャリア・サバイバル」と定義している。

また、シャインは、「キャリア・サバイバル」には、①現在の職業と役割を棚卸しする、②環境の変化を識別する、③環境の変化が利害関係者の期待に与える影響を評価する、④職務と役割に対する影響を確認する、⑤職務要件を見直す、⑥職務と役割の戦略的プランニング・エクササイズの輪を広げる6つのステップがあるとしている。

シャインは、キャリアを複雑かつ総合的で変化に富むものと考え、そのようなキャリアを読み説き、自己が納得してキャリアをデザインするための概念として、キャリア・アンカー、キャリア・サバイバル、複雑人モデルを提唱している。

特に、「キャリア・アンカー」の考え方で示されているように、価値観（意義や幸福感を感じられること）の要素が、人の動機づけに大きな影響力をもっていることが理解でき、価値観の多様化とキャリア・デザインとの関係が、組織における個人の行動に変化をもたらしてきた。

参考文献

片岡信之・斉藤毅憲・佐々木恒男・髙橋由明・渡辺峻編著『はじめて学ぶ人のための経営学入門』文眞堂ブックス、2008年。
金井壽宏『働くみんなのモティベーション論』NTT出版、2006年。
金井壽宏訳『キャリア・アンカー　自分の本当の価値を発見しよう』白桃書房、2003年。
十川廣國編著『経営組織論〔第2版〕』中央経済社、2013年。
二村敏子・三善勝代訳『キャリア・ダイナミクス』白桃書房、1991年。
明治大学経営学研究会編『経営学への扉〔第4版〕』白桃書房、2013年。
山本安次郎訳編『新訳 経営者の役割』ダイヤモンド出版、1968年。

第 7 講　経営戦略

1. 目的や階層ごとの経営戦略

　経営戦略とは、企業理念を達成するための、企業の中長期にわたる方針や、計画のことを指す。経営戦略という言葉は多義的であり、どのように用いられているかを十分に確認する必要がある。基本的には、「企業が認識している環境の中で、組織として目的を達成するための計画」ということができる。本講では、経営戦略の意味と分析あるいは策定するために用いられる技術を学ぶ。

　経営戦略は、目的や階層ごとに様々な戦略がある。市場競争の中で存続・成長するためには、経営理念や経営ビジョンに基づき、それぞれの目的や階層ごとに戦略を立てて活動しなければならない。企業戦略を各階層に分けて示すと、以下の様になる。

図 7-1　階層ごとの企業戦略

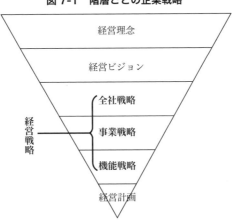

(1) 全社戦略、事業戦略

まず、全社戦略は企業が複数の事業を展開している場合や、企業活動を商圏ごとに事業を展開している場合に存在し、事業の取捨選択や複数の事業間で資源配分を調整する必要がある企業が策定する。企業や企業グループ全体に関わる戦略である。次に、事業戦略は、個々の事業で優位性の構築や維持に関わる戦略を策定する。全社戦略と事業戦略は、企業が単一の事業や商圏でのみ活動している場合は区別されないことがある。

(2) 機能戦略

機能戦略は、それぞれの機能ごとに策定される戦略である。営業、生産、財務、人事などそれぞれの機能ごとに戦略が策定される。

(3) 特定の目的に特化した戦略

特定の目的を達成するために戦略が策定されることもある。企業の成長戦略や、IT戦略、顧客獲得戦略、知的財産戦略、広告戦略などがあげられる。

(4) 戦略的経営

これらの経営戦略を策定・実行・評価する必要があり、その行為を戦略的経営と呼ぶ。まず、策定の段階では、自社や他社の内的要因や外的要因を分析・評価し、目標を設定し、その達成のための計画や手段を策定する。次に、実行の段階では、戦略に基づき、実行に必要な資源を配分し、権限と責任を従業員に割り当てる。その上で計画の進行を管理する。評価の段階では、戦略の有効性を実現可能性や、合理性、正当性、効率性などの視点から評価する。評価の段階で必要であれば追加的な資源の配分や計画の変更を行う。

2. 経営戦略のための手法

(1) 経験効果

　経験効果は、企業内で同一製品やサービスの累計生産量が増加すると学習が進み単位あたりのコストが減少する減少のことをさす。特に、「累計生産量が2倍になると、単位あたりコストが一定比率で減少する」という関係性が観測されることが多く、この比率のことを習熟率と呼ぶ。この事象のことを経験効果と呼ぶ。経験効果は、人の学習により発生し、技術革新の影響が大きいと学習した技術の優位性が失われるため、①その事業が労働集約的であること、②生産技術の革新が頻繁でないことの2つが求められる。

(2) 経験効果を用いた価格戦略

　製品の価格を決定する主な要因は、コスト、需要、競争である。コストよりも高い価格を設定しなければその製品に関する企業の収支はマイナスとなる。需要が多ければ、価格を高く設定しても売上げを期待できる。競争が激しければ、価格を低くしなければ他企業の製品が選好されてしまう。
　価格設定で他企業よりも優位に立つために、経験効果による予測に基づいた価格設定は有用である。価格戦略は大別すると①上層吸収価格戦略と②市場浸透価格戦略に分けられる。

(3) 上層吸収価格戦略

　上層吸収価格戦略は、経験曲線によって予想される単位あたりのコストカーブと平行に一定の利益を追加した価格を設定する戦略である。市場の成長前に利益を確保できるため、市場に最初に参入した企業が選択する傾向のある戦略である。

(4) 市場浸透価格戦略

　市場浸透価格戦略は、累積生産量が少ない段階では収支がマイナスであっても単位あたりのコストを下回る価格設定を行い、累積生産量を急速に増加させ、経験効果により単位あたりコストが価格設定を上回った後に、経験曲線に基づいて価格を変更する戦略である。長期的にみれば合理的で、市場において後発の企業が取る傾向にある戦略である。

(5) プロダクト・ライフサイクル

　プロダクト・ライフサイクルについてだが、製品が市場に出てから陳腐化して市場から退場するまでを人の一生に例えたものである。プロダクト・ライフサイクルには、導入期、成長期、成熟期、衰退期が存在する。

①導入期

　導入期は、製品が市場に導入されてから一般消費者に認知されるまでの段階を指す。この時期には、売上高が少ないため、製品開発費用や販売促進費なども含めて考えると、利益はマイナスかごくわずかにとどまる。この時期には、同種の製品を生産・販売している企業は少なく、競争は激しくない。この時期の顧客はイノベーターや、アリーアダプターなどと呼ばれる。

②成長期

　成長期には、製品が消費者に認知され、売上げが急激に増加する。売上げの急増は市場成長率の上昇を意味し、他の企業が積極的にこの製品の生産・販売をはじめるため、市場の拡大以上に競争が激化する。この時期の顧客は、オピニオンリーダーや、アーリーマジョリティなどと呼ばれる。

③成熟期

　成熟期には、既に市場のニーズの大半を満たし、保守的な層のみが新規顧客となる段階である。この時期には、需要の大半は買い替え需要となり、市場成長率がマイナスとなる場合もある。この段階では、市場に存在する顧客も減っているため、撤退する企業も存在する。この時期に新たに顧客となる層を、レ

イトマジョリティと呼ぶ。

④衰退期

該当の製品が市場から消滅する段階であり、市場成長率、売上げ、顧客、供給する企業の全てが減少する。この時期に新たに顧客となる層を、ラガードと呼ぶ。

3. SWOT 分析

経営戦略を策定する上で自社の置かれた状況を分析することは極めて重要である。その手法の1つとしてSWOT分析がある。SWOT分析は、企業の内部要因を強み（Strength）と弱み（Weakness）、外部要因を機会（Opportunity）と脅威（Threat）に分けて分析を行う。内部環境には、資源、競争優位やブランド、技術などがあり、外部環境には、政治や法令、経済状況、市場、競合他社、顧客などがある。

表 7-1　SWOT 分析表

	目標達成の助け	目標達成の妨げ
内部要因	強み	弱み
外部要因	機会	脅威

表 7-1 に自社の要素を配置することで、自社の置かれた状況を整理する一助となる。

4. PPM（プロダクト・ポートフォリオ・マネジメント）

PPMは、複数の事業を展開している企業が、それぞれの事業の市場における位置づけを視覚的に表現する手法である。自社の各事業は、表 7-2 架空の企業のPPMを例示したものである。横軸の市場占有率は企業の展開する事業の所属する産業における他企業とのシェアの差を示した相対市場シェアであ

る。縦基軸は、その産業の市場成長率を示している。PPM は、経験効果とプロダクト・ライフサイクルと強く関係している。市場成長率は、プロダクト・サイクルから算出されるものである。さらに、市場成長率が高い製品は、追加的な投資が必要である事を示しており、市場成長率が低い製品は、追加的な投資が必要でないことを示している。経験効果は、相対市場シェアと関係しており、市場シェアが大きい場合、経験効果のメリットを期待できる。市場シェアが大きいということは、累積生産量が多いこととほぼ同義であり、経験効果にもとづく価格競争力が大きいことが予想できる。競争市場において、市場価格は競合企業間で大きな差が無いことから、相対市場シェアの高い企業は経験効果により、単位あたりの利益が大きいことを意味している。境界値は、絶対的な基準は存在しないが、市場成長率を 10.0%、相対市場シェアを 1.00 とすることが多い。このとき、特に相対市場シェアで 1.00 を超えている場合はその事業で最大手である事を示している。円は各事業を表しており、円の面積は事業ごとの売上高を表している。PPM は、市場成長率と相対市場シェアの組み合わせで、事業を 4 つのセルに分類する。各セルは、「花形」「金のなる木」「問題児」「負け犬」という名前がつけられている。表 7-2 の AV 機器やスマートフォン事業は、それぞれ 2 つのセルにまたがる場合がある。その際は、円の中心点が存在するセルに属する。

表 7-2　PPM の例

		市場占有率	
		高	低
市場成長率	高	花形	問題児／スマートフォン
	低	金のなる木／AV 機器	負け犬／PC

エンタテインメント

PPMに基づいた戦略策定は、万能であるように見える。しかし、PPMの理論に固執した戦略策定には限界がある。売上げの小さな花形に投資するために、売上げの大きい負け犬を売却することは必ずしも合理的な判断とは限らない。PPMに基づいた戦略策定を行う際には、PPMの一部だけをみるのではなく、全体を見る必要があり、できれば、PPM以外の指標も用いるべきである。

①花形（star）

市場成長率、相対市場シェアの双方が高い事業である。ここに属する事業は、高成長分野で優位な地位を獲得している。該当の市場が成熟化すれば金のなる木となり、安定的な収入源として期待できる。一方で、高成長分野では他企業との競争が想定され相対市場シェアを維持するためには投資が必要であり、キャッシュ・フロー[1]がマイナスとなることもある。相対市場シェアを維持するために、他の事業から資源配分を受ける必要がでることもある。

②金のなる木（cash cow）

市場成長率は低く、相対市場シェアが高い事業である。該当事業の市場は成熟しているため、他の企業や新規参入といった相対市場シェアを脅かす存在は存在し難いため投資の必要性が低く、安定的な利益を期待できる。この事業で得た収入を花形や問題児へ投入する戦略や、さらに相対市場シェアを高め利益を増加させる戦略が考えられる。

③問題児（question mark）

市場成長率は高いが、相対市場シェアが低い事業である。高成長分野であり追加的に投資が必要な一方、相対市場シェアが低いため資金創出力が低くキャッシュ・フローがマイナスとなりやすい。金のなる木に属する事業の余剰資金や、負け犬の売却益などを投入し花形へ育てる戦略の他に、該当市場での活動を諦め事業売却する戦略が考えられる。

④負け犬（dog）

市場成長率と相対市場シェアの双方が低い分野である。投資はほとんど必要とされず、資金創出力も低い。通常、キャッシュ・フローの観点からは撤退が推奨され、その売却益を花形や問題児に投入する戦略が考えられる。

5. M&A[2]

　M&Aは合併と買収を意味し、他の企業を合併・買収により企業を統合し、事業や資産を取得し多角化や事業拡大をはかる戦略である。SWOT分析やPPMと合わせて考えると、他企業やその事業をM&Aすることで競争優位を築くことや、弱みの大きな負け犬を売却することも可能である。

　合併には、買収企業が被買収企業を吸収する吸収合併の他に、合併する企業同士を解散させ新たな企業に集約する新設合併がある。また、合併以外にも株式交換や株式移転による企業統合という手法も存在する。

　買収には、株式取得と事業を買収するものがある。株式買収に関しては、発行済み株式を取得する他に、被買収企業が新株を発行し、買収企業が引き受ける場合や、株式公開買い付け（TOB[3]）がある。また、経営陣が株主から発行済み株式を取得するマネジメント・バイ・アウト（MBO）や、従業員が同様の行為をするエンプロイー・バイアウト（EBO）がある。

　M&Aには、大きく分けて友好的買収と敵対的買収が存在する。通常、友好的買収では、基本合意書が発行され、独占的交渉権や誠実交渉義務などの約定が結ばれる。その上で、相互に監査を行い、取締役会や株主総会での決裁を経てM&Aが実行される。必要な場合は、TOBを行う。

　一方、敵対的買収に関しては、被買収企業の同意を得ずに行われる買収である。被買収企業の対抗措置の例を挙げると、現在の役員や従業員の退職金を引き上げる、第三者割当増資を行い買収企業の株式保有割合を引き下げる、先に挙げたMBOやEBOにより現在の企業理念を維持すると言った手法で防衛がはかられることもある。

　M&Aの実行は、買収企業、被買収企業の存続・成長に大きな影響を及ぼす経営戦略だといえる。

6. ABC 分析

　ABC 分析（重点分析）とは、原材料や製品などの管理に使われる手法で、管理対象を重要度別に管理する。

　商品の売上高について分析する場合、売上高の大きい製品のグループをA（重要管理品目）、売上高の低い製品グループをC（一般管理品目）、安定的な売上高の製品のグループをB（中程度管理品目）とクラス分けを行ったとする。その場合、売上高の大きなAクラスの製品は品切れを起こさないように重点的に仕入れる必要があり、逆にCクラスの商品は売れ残りが予想されるため仕入れを減らすことが合理的である。クラス分けを行うときに考慮するのは、高価であっても需要がない製品と、安価であっても需要が大きい製品についても適切に評価しなければならない。そのため、単価のみで評価するのではなく、単価と数量を掛けたものであることに注意が必要である。

　クラスの閾値に絶対的な基準はないが、概ねAクラスを10%、Bクラスを20%、Cクラスを70%程度とするのが一般的である。また、ABCの3クラスではなく、AクラスをAAA、AA、Aや、CクラスをC、D、Eなど細分化して管理する事もある。

7. さらなる学びへ

　経営戦略について概念と手法について概観した。企業戦略は、研究者ごとに概念の捉え方も異なり、分析結果についても異なる場合が多い。そのため、あくまで基本的な内容のみを示している。また、分析の結果観察できた事実をどのように活用するかは、ケーススタディなどを通じて学習しなければならない。各手法のより実践的な内容や、限界、応用については、経営戦略を専門的に扱ったもので確認して欲しい。

注

1) 事業活動で必要とされる資金と、その事業から得られる利益の差(資金収支)。詳しくは第14講参照のこと。
2) merger and acquisition
3) take-over bid

第8講　マーケティング

1．マーケティングの理解

　消費者のライフスタイルの変化、市場の成熟化に対応するように、現代社会では企業間競争がますます激しくなっている。また、ソーシャル・メディアなど新しい技術の進展、消費者のエコロジーに対する意識の高まり、あるいはグローバル化によって、ビジネス活動はより速く、複雑化している。企業は、急速に変化する顧客とそれに対応するべき企業の戦略的計画や管理の重要性を認識しなければその存続や発展は不可能であり、市場における顧客の獲得と維持に大きく関わるマーケティング活動は、動態的な市場に対してますます重要になっている。

(1) マーケティングの定義の変遷

　マーケティングは、20世紀初頭のアメリカで誕生した比較的新しい学問であり、その定義は消費者、社会、経済状況、ライバル企業の変化に合わせて時代とともに大きく変化している。それは、マーケティングが常に顧客を中心とした学問であり、1935年のアメリカマーケティング教育者会議の定義を基にして、1948年にアメリカマーケティング協会（AMA：American Marketing Association）が定義づけてから、2007年に至るまで何度も改訂されており、変化する外部環境とともにマーケティングの対象領域は、当初の商品やサービスを対象とした狭い範疇からアイデアにまで広がりをみせた[1]。

　さらに、2004年の定義では顧客との間で「価値」を創造することが中心と

なり、その主体も営利企業に限定されることなく、非営利組織（政府、学校、生協、NPO 等）、あるいは株主、顧客、取引先、従業員、地域住民などの利害関係者であるステークホルダーにも踏み込んで定義されている。2007 年の定義では、マーケティングの機能やプロセスだけではなく、その活動や制度についても言及している。これまでの定義の中核概念であったマーケティング管理（マーケティング・マネジメント）的な要素に加えて、交換、社会全体という広い概念を用いることにより、マーケティングが果たす役割や重要性が一層増していることを意味している。

すなわち、マーケティングとは主体や対象が拡大しようとも、組織やその組織の利害関係者が相互に利益を獲得し、満足を実現するための理念や行動といえるだろう。

(2) マーケティング・コンセプトの変遷

マーケティングは、理念と行動の 2 つの側面を有しているが、理念はマーケティングの基本的な考え方を示すものであり、マーケティング・コンセプト (marketing concept) と呼ばれている。レビットが「社会や消費者について確実にわかっていることはただ一つ絶えず変化している、という点だ。」[2)] と記しているように、消費者や社会は常に変化しており、それに対応してマーケティングの基本的な考え方も変化を遂げている。

マーケティングの基本的な考え方の中心となるコンセプトは、「生産志向」から始まり、「製品志向」、「販売志向」、「マーケティング志向」、そして近年では「社会志向」へと変化してきた。

第 1 段階は「生産志向」と呼ばれ、1920 年ごろまでのアメリカでは、製品はまだ比較的少なく需要に対し供給が不足しており、作れば売れるという時代であったことから、企業は生産と生産システムの効率を向上させることを第 1 として、自社製品の販売への努力はほとんど必要としなかった。

日本では、1960 年代の 3C（クーラー・カラーテレビ・カー）時代と呼ばれた 1960 年代がこの時期に相当するといえるだろう。当時の日本は高度成長期に

入った時代であり、市場が未成熟な段階であった。この段階では、需要に対して供給が不足しており、企業にとって生産力そのものが価値であり、生産性の向上が企業戦略における競争優位になっていた。

　第2段階は、「製品志向」と呼ばれ、ある程度、供給が需要に追いついてくる段階を示している。顧客は、企業名や製品を比較することにより、可能な限り品質面で高性能・高機能な商品を求め始めたことから、企業はこれに応えるような商品の開発・改良によって競合他社との差別化を図ることにより競争優位を獲得しようとした。

　第3段階は、「販売志向」と呼ばれている。企業間競争が激しさを増すなかで、供給が需要を上回ると企業は過剰在庫を抱えるようになる。そして、顧客にとっても需要は十分に満たされた状態になってきたため、商品の優劣だけを、あるいは商品による差別化だけを強調した製品力だけで販売することは困難になってくる。そのため、企業は自社商品を買ってもらうために、セールス活動に重点を注ぐようになる。この時代には、生産された製品をいかに販売していくかが最大の関心事となり、作ったものをいかにして売るかというプロダクトアウトの考え方のもとで、特に広告や人的販売などが活動の中心となってくる。

　第4段階は、「マーケティング志向（顧客志向）」と呼ばれ、ターゲットとなる市場や消費者のニーズを掴み、消費者が求めるものや満足できるものを販売する市場の動向を見据えた企業活動が重要視されるようになる。この段階では、市場調査や製品計画によって売れるものをいかに作るかであり、顧客が満足できるようなマーケティングの仕組み作りを中心とするコンセプトで、市場を形成する顧客（消費者）のニーズやウオンツに焦点が当てられ、製品購入後も消費者が製品に対して満足を与えるかどうかも重要になってきた。

　第5段階は、今後のコンセプトとして提案されているのが「社会的志向（人間志向）」である。コンシューマリズムの高まりや大気汚染・水質汚濁といった産業公害、さらには地球環境問題がクローズアップされ、企業はさらに社会や自然環境など社会全体との調和を求められ、企業は単に高付加価値商品を顧客に対して提供するだけではなく、その商品とそれを購入する消費者の社会的

な役割や関係を考慮しながら提案することが企業のマーケティング活動において重要になる。

このように、時代とともに、企業のマーケティング・コンセプトは企業を取り巻く環境の変化に対応しながら変化している。

2．マーケティング・プランの策定

マーケティング活動を進める際、最初に取り組まなければならないのは、個々の製品・サービスや事業のマーケティング目標を明確にすることである。マーケティング目標とは、企業の展開する個々の製品・サービスや事業について、一定期間の売上、マーケットシェア、利益率等について具体的に設定することである。マーケティング目標が決定すると、その目標を達成するためにマーケティングのSTPを明確にする必要がある。マーケティングのSTPとは、セグメンテーション（Segmentation）、ターゲティング（Targeting）、ポジショニング（Positioning）の3つの頭文字をとったものであり、市場を開拓するためのマーケティング手法として、誰に対して、如何なる価値を提供するのかという問題を明確にするための手法である。

それは、現代社会では、すべての顧客ニーズに対応でき、万人から受け入れられる商品やサービスを提供することは不可能なため、特定層に焦点を当てる作業になる。そのことから、似通った特性を持つ顧客をグループ化することによってターゲットを絞込むのである。このように、企業は顧客のニーズを絞り込み、市場を細かく細分化し（マーケット・セグメンテーション）、その細分化した市場（セグメント）に向けてターゲットを定めるとともに、その商品やサービスの位置を決定する（ポジショニング）作業を実施する。

(1) セグメンテーション（Segmentation）

STPの第1段階としてのセグメンテーションは、市場全体（マス・マーケット）を様々な変数によって細分化し、標的市場として絞り込むための準備をするこ

とである。一般的に市場を細分化することを、マーケット・セグメンテーションと呼び、また細分化された変数はセグメントと呼ばれる。

セグメンテーションは、様々な市場調査よってユーザー層や購買層といった形で切り口を探索する。セグメンテーションに用いられる変数の代表的な分類方法は、「人口動態変数（Demographic Variables）＝年齢、家族構成、性別、所得、職業、教育水準、宗教、人種、世代、国籍、社会階層などの属性で区分する方法」、「地理的変数（Geographic Variables）＝国家、地域、都市・市町村など地理的な属性で区分する方法」、「心理的変数（Psychographic Variables）＝価値観、ライフスタイル、性格、個性、嗜好性などで分類する方法」、「行動変数（Behavioral Variables）＝製品の利用状況や購買頻度、製品に求める価値、製品に対する態度などの属性により分類する方法」が多く使用される。

このように、新製品開発や広告作成時に市場を細分化することによりターゲットを明確にすることが可能となる。

(2) ターゲティング（Targeting）

市場細分化によって、各セグメントの市場機会が明らかになると、企業はそれらセグメントの魅力度を評価し、どのセグメントに向けてターゲットを設定するかを決定することになる。ターゲットを定める場合には、市場規模や成長性、セグメントの長期的な魅力度（競争企業、潜在的な参入企業の有無、代替製品、買い手、供給業者など）、自社の戦略長期的目標との整合性、収益性をあげるための必要なスキルや資源を有しているかなどの点についても考慮する必要がある。その際に、外部環境や内部環境における強みや弱みを把握するための有効な手段となるのがSWOT分析、あるいはTOWS分析である[3]。

両者とも、企業や事業のマーケティング戦略を立案する際に使われる分析フレームワークであり、企業・組織の外部に潜んでいる機会、脅威と、内部に持つ強み、弱みとの組み合せから、自社の将来においてあり得る状況とそれに対する対策を導き出すという戦略的策定手法を提示するものである。

(3) ポジショニング (Positioning)

　ターゲットが決定された後は、企業は如何なるマーケティング・ミックスを展開するかを決定するために、自社の製品やサービスをどのようなポジションに位置づけるのかを決定する必要がある。そのために、企業が製品・サービスを顧客に対して如何なるベネフィット（便益）を提供することができるのかというマーケティング・コンセプトが設定される。顧客は、製品自体が欲しいのではなく、その製品が提供するベネフィットを求めており、コンセプトを決定する際には、消費者が対価を支払ってもよいと思えるだけの価値や魅力を提供しなければならない。

3．マーケティング・ミックスの策定

　コンセプトが決定されると、具体的な活動に落とし込むために「製品(Product)」、「価格 (Price)」、「流通 (Place)」、「プロモーション (Promotion)」を組み合わせるマーケティング・ミックスを策定することになる。これらは、英語の頭文字をとって４Ｐと呼ばれており、具体的には、市場に提供する製品・サービス、ブランド、価格設定、商品流通、あるいは販売経路や場所などのチャネル、そして販売促進活動や広告などのプロモーション・コミュニケーションなどの要素を商品やターゲットの特性に合わせて意思決定を行うことである。近年のマーケティングの顧客中心主義という視点から、４Ｐの概念を４Ｃとして置き換えた考え方も提唱されている[4]。それらは、顧客価値(Customer value)、顧客コスト (Customer cost)、利便性 (Convenience)、コミュニケーション (Communication) から構成されており、常に買い手側である消費者のことを考慮に入れてマーケティング・ミックスを立案するという考え方である。

(1) 製　品

　製品は、マーケティング・リサーチによって収集したデータから決定したコンセプトに基づいて、顧客に提供しようとするベネフィット（便益）を反映し

決定される[5]。ベネフィットとは、消費者が製品を所有・使用・消費したりすることによって得られる価値や満足を指している。現代社会における消費者にとっての製品の持つ意味合いは、性能・性質や物理的属性は勿論のこと、製品の持つ心理的特性、製品の持つ意味合い、製品に付随する顧客サービス、消費者のブランド・企業に対するイメージなど、大きく様変わりしている。したがって、現代社会における製品は、単に物理的に捉えるだけでなく、より拡大した商品として捉える考え方が必要になってくる。

P. コトラー (P. Kotler) らは、「製品とは、あるニーズを充足する興味、所有、使用、消費のために提供されうるすべてのものを指す。それは、自動車や書籍などの物理的財・有形財（physical product）や理美容コンサートなどのサービス、人間、場所、組織、アイデアを含んでいる。それは、ほかに提供物（offer）、価値のパッケージ（value package）、便益の束（benefit bundle）とも呼ばれうる。」と述べており、企業の経営活動の中心である売買取引において顧客が識別し、評価することができるすべての要素を含んでいると製品の概念を説明している[6]。

製品の概念は3つの階層レベルに分類することができる。その中核をなすのは、消費者や生活者がある製品に期待する便益・サービスであり、消費者が製品を購入するのは、生活をしていくうえで必要となるニーズを具体化したり、充足したりするモノやサービスである。そして、製品の中核となる便益を取り巻いている2つ目の階層は、実質的に製品を形成している成分、品質、特徴であり、主にイメージを形成しているスタイル、パッケージング、ブランドなどの感覚部分である。さらに、その周りを取り巻いているのが保障、アフターサービス、取り付け、配達、信用供与など製品売買を行うことにより生じる様々な付加部分である。

このように、製品とは目に見える特徴や特性ばかりではなく、顧客のニーズを満足させる様々なベネフィットの束として捉えることが重要だろう。

図8-1 商品の３層構造モデル

出所：P. コトラー・G. アームストロング著、和田充夫監訳『マーケティング原理（第9版）』ダイヤモンド社、2003年、349ページ。

(2) 価　格

　顧客が製品・サービスを購入するかどうかは、製品そのものの機能やベネフィット、付随的なサービスだけでなく、その製品購入のために支払う金額も重要な要素となる。価格については、商品の値段の設定と、設定した価格を如何に管理していくかという２つの問題がある。価格の決定方法については、経済学などでは基本的に需要と供給のバランスによって決定されるが、企業の一般的な価格設定の考え方は、コスト、競争、需要の３つを考慮して考えられる。

　コスト重視型の価格設定として代表的な方法はコスト（製造原価や仕入原価）にマージン（利益）を加えて価格を決定するコストプラス法である。

　また、競争相手が設定した同種の製品の価格を参考に設定する競争重視型の価格設定方法や、ある製品やサービスについて、これくらいなら支払ってもよいという買い手の値ごろ感を調べ、それに合った価格を設定する需要志向型の価格設定方法がある。さらに、需要志向型のなかには、サービスのベネフィットに対する消費者の知覚に基づいて価格を設定する方法や、心理的な反応に基

づいて価格を設定する名声価格、慣習価格、端数価格、価格ラインと呼ばれる需要差別型の価格設定方法がある。このように、価格設定方法には、費用、競争、需要といった３つの設定方法があるが、実際にはこのうちの一つを選択するのではなく、それぞれの視点を統合して価格設定は行われる場合が多い。

しかし、価格決定の主導権が消費者側に移行しており、企業は単に製品価格という側面から考えるだけでなく、顧客が製品を選択し、入手するまでのコストなどをトータルで考える顧客コストを考える必要があるだろう。

(3) 流　通

マーケティングでは、生産者から消費者へと製品を売買する道筋のことをチャネルと呼ぶが、生産から消費に至る製品の社会的・物理的移転を円滑かつ有効にするチャネルの構築を検討する流通（Place）を決定する必要がある。

流通には、生産と消費の間にある時間、場所、社会の隔たりを埋める架橋の役割があり、具体的には①商的流通＝所有権の移転による取引の流れ（社会的隔たりを埋める）、②物的流通（物流）＝輸送業、倉庫業等が担当するモノが移動する流れ（場所的隔たり、時間的隔たりを埋める）、③情報流通＝情報が移動する流れ（販売情報や商品に関する情報等の交換）がある。

商的流通における生産者のチャネルに関する意思決定は、商品の特性や企業のマーケティング戦略などを考慮して決定される。特に考慮されるべき点は、チャネルの長さ、幅、開閉度などの問題がある。チャネルの長さとは、チャネルに含まれる段階数を意味しており①生産者→消費者、②生産者→小売業者→消費者、③生産者→卸売業者→小売業者→消費者、④生産者→卸売業者→卸売業者→小売業者→消費者と介在する当事者が多くなればなるほどチャネルは長くなる。

また、チャネルの幅とは、チャネルの市場把握範囲を示しており、当該商品を取り扱う小売店の数と、それらの空間的広がりを意味する。もう一つの開閉度とは、併売か専売かを意味しており、併売とは自社製品と競合製品を一緒に販売していることで、専売とは自社製品のみを販売店に扱ってもらうことであ

る。専売は併売に比べ、品揃えやアフターサービス等が充実でき、製品イメージの保持といった点で生産者のコントロールが可能になるメリットを有する。

チャネルの構築にあたっては、消費者が製品を購買し易いかどうかに従って考えることが重要であるが、一般的には、購買頻度の高い最寄品などは、チャネルは広く、長く、開く傾向になるように、購買頻度が低い専門品は逆のチャネル開発が行われる場合が多いことから、提供する製品の性格、生産者の能力、消費者の購買行動を考慮してチャネルに関する意思決定が行われる。

(4) プロモーション

プロモーションとは製品に関する情報を多くの消費者に対して発信する情報提供活動であり、その意思決定の焦点は情報（メッセージ）の内容や伝達手段を検討することで、広告、人的販売（販売員活動）、パブリシティ、セールスプロモーション（販売促進）の4つに分類される。

広告とは、有料のメディア（媒体）を通して、メッセージを非人的な方法で伝達する手段であり、媒体としては、テレビ、ラジオ、新聞、雑誌といったマス媒体をはじめ、ダイレクトメール、電車の中吊り、屋外看板、新聞などの折り込み、インターネットなど様々な手段がある。

人的販売は、セールス・パーソンによる販売促進活動を指すが、他のプロモーション活動と比較して双方向のコミュニケーションができることが特徴であり、それ故にこのセールス・パーソンの販売力（営業力）の養成と活用が重要となる。

パブリシティ（publicity）とは、報道機関に自社の企業活動や製品に関する情報を提供し、ニュース、記事、番組として取り上げてもらう方法である。基本的には無料であるいっぽう、企業が発信した情報を記事やニュースとして取り上げるか否かは報道機関側にあるため、パブリシティは客観性が高まることから、消費者の信頼度が高い活動のひとつとみなすことができる。

販売促進活動とは狭義のプロモーションを意味しており、広義のプロモーションと混同することがあるが、広告活動と同様にプロモーションの重要な位

置を占めている。様々な活動があるが、景品（プレミアム）、サンプル、ノベルティ（記念品）、展示会などがよく知られている。

プロモーション活動は、テレビ、ラジオなどのマスメディア広告を中心とした企業側から消費者側へ情報を流して需要を駆り立てるという一方通行型のプロモーションが主流であったが、近年ではSNSや口コミなど個客との双方型のコミュニケーションが主流となっている。そのため企業側は、これまでのプロモーション活動の中核となっていた自社の商品情報よりも、消費者に対して誠実な姿勢や適切と考えるコンセプトを伝え、共感を得ることができるような双方向型のコミュニケーションが中心となっている。

主なプロモーション活動は、4つの活動があるが、そのうち一つだけを選択するのではなく、予算や商品特性などと照らし合わせて顧客と価値を共有できるような効果的なプロモーション（コミュニケーション）・ミックスを行う必要がある。

4．マーケティングの概念と役割りの変化

マーケティングは、時代の変化とともにその概念や役割も大きく変化しているが、今後のマーケティングの基本的な考え方において、企業の社会性が重要な課題になる。近年、消費者志向型のマーケティング2.0から価値主導型のマーケティング3.0へ移行すると言われており、消費者満足や事業の差別化を中心とした従来のマーケティングの論理的な部分の上に精神性が加わっている。すなわち、「どんな社会をつくりたいか」とういう点がコンセプトの中心になっており、ソーシャル・メディアの普及による生活環境や価値観の変化、深刻化している資源・環境問題、地域格差などの社会問題がその背景にある[7]。

価値主導型のマーケティング3.0では、特に人間性が重視され、論理的思考や感情的思考、あるいは人格も必要だとされており、企業はいかに商品を売るかをコンセプトの中心に置くのではなく、製品・事業を通してより良い社会を作り出すかが焦点になる。

注

1) 詳しくは AMA（アメリカン・マーケティング協会）ホームページ、P．コトラー著『マーケティング3.0』、を参照のこと。
2) 詳しくは、セオドア・レビット著　土岐坤訳『新版　マーケティングの革新未来戦略の新視点』ダイヤモンド社を参照のこと。
3) この手法は、もともとサンフランシスコ大学 ビジネス&マネジメント・スクール教授のハインツ・ワイリック（Heinz Weihrich）が「The TOWS matrix: a tool for situational analysis」(1982年)に提唱したものであり、企業の経営戦略や国の競争優位の研究、戦略策定の定式化のために考案されたとされている。フィリップ・コトラーも、外部環境が内部環境要因によって、限定されてしまうなどの問題を回避すべきであるとの観点からSWOT分析は、TOWS分析と呼ぶべきと提唱した。
4) 1980年代、University of North Carolina のロバート・ラウターボーンは、顧客側に立った視点マーケティング・ミックスの新たな発想である4Cを提唱している。
5) T．レビット（T. Levitt）は、製品とは消費者が購入するのは物理的な実在ではなく、製品の使用価値から得ることができる便益や問題解決であると述べている。例として、「4分の1インチのドリルの購入者は、ドリルそのものを購入したいと考えたのではなく、4分の1インチの穴を購入している。」として消費者の製品購入の意味について述べている。
6) P. Kotler and G. Armstrong, *Marketing : An Introduction*, 4th Edition. Prentice-Hall, Inc., 1999, P．コトラー、G．アームストロング、恩蔵直人監修、月谷真紀訳『P．コトラーのマーケティング入門』株式会社ピアソン・エデュケーション、2007年、269-270ページ。
7) Phillip Kotler, Hermawan Kartajaya and Iwan Setiawan, *Marketing 3.0*, John Wiley & Sons, Inc., 2010, pp.3-22.

第9講　生産管理

1. 生産管理の目的

　生産管理とは、経営計画や販売計画に基づき、生産活動の計画、組織、管理を総合的に行う活動である。企業活動には、材料や設備、労働力といった資源が必要になる。そのため、それらの資源を効率的に活用するには、「いつ、どこに、なにがどれだけ、どのような質で」必要かを把握し、生産することが望ましい。完全な予測と実行は現実的ではないが、よりよい状態を達成するために行われるのが生産管理である。

　生産管理は、日程などの時間軸を中心に、経営資源を企業の目標に向けて計画し、統制することだといえる。そのために、生産計画の策定から、資材調達、製造、出荷を統合的に管理し、必要があれば適切な資源の再配分を行うことである。

　顧客のニーズを充足し、継続して取引を行うためには、納期の遵守と品質の安定、適切な価格設定が求められる。以上を達成しつつ、自社の経営資源の効率的な運用を達成することが生産管理の目的だといえる。

(1) 生産計画

　広義の生産計画には、生産管理の全ての計画が含まれており、日程計画、生産能力計画、在庫計画が含まれる。狭義の生産計画は、生産数量と生産時期に関する計画で、「いつ、なにを、いくつ、どのような質で」生産するかを決定する。生産計画の重要な要素は、資材調達と生産にかかるリードタイムとコストがあ

り、生産計画を通じて、納期の厳守などの顧客ニーズの充足と生産コストの削減と効率の最大化がはかられる。

(2) 見込み生産と受注生産

受注により生産が開始されるのか、受注以前から生産を行っているかによって、見込み生産と受注生産の違いが生じる。

見込生産は、あらかじめ需要を見越して生産を行い、製品在庫を出荷することで納品する形態である。この形態では、適切に需要予測が出来ていればリードタイムの極小化を達成することができるが、需要予測を誤れば在庫を抱えることになり経営資源を浪費することになる。

一方、受注生産は、受注後に生産が開始される。製品は完成後速やかに納品されるため、在庫リスクを抱える心配は無いものの、リードタイムが長くなる。

受注生産であっても、構成部品や資材などでは共通化することもできる。共通化された部品を製造し、受注生産のリードタイム短縮を図る手法として、部品仕込生産がある。部品仕込生産では、見込生産は共通部品に留まるため、完成品よりも流動性が高く、在庫リスクを低減することが可能になる。

(3) 代表的な生産方式

大きく分けると①連続して少品目を大量生産するライン生産方式、②中品目を一定の量ずつ生産するロット生産方式、③多品目を注文に基づき生産する個別生産方式の3つの方式がある。

①ライン生産方式

ライン生産方式は、少品目を大量生産することに適しており、工程の生産速度、品質を一定に維持する必要がある。製品の製造工程や、従業員の配置をライン化させ、ベルトコンベアなどによって前の工程から流れてくる機械に取り付けや加工を行う。ライン生産方式をとることが合理的となる条件は、需要が専用工程を設置した方が経済的に望ましいこと、対象の製品の生産期間が専用

工程の設置後比較的長期にわたることなどがあげられる。完全に単一の製品を生産し続ける、単一品種組み立てラインはライン生産方式として最も想像しやすい生産方式である。一方で、生産期間を細分化し、一定期間ごとに生産物を変更するバッチ式組み立てラインや、作業方式がほぼ等しい複数品種を連続して生産するために、複数品種の加工を行う多品種組み立てラインがある。ライン生産方式のメリットとしては、均質な工業製品を安価に大量生産出来ること、個々人の技量に左右されにくいこと、経験効果により、熟練した従業員が増加した場合生産速度の調整が容易である事があげられる。デメリットとしては、不良品が検出された場合、生産工程を全面的に停止する必要がある場合が多くあること、専用工程を設置後、一定期間を経ずに生産工程を変更できないことがあげられる。

②ロット生産方式

　ロット生産方式は、専用工程を設置するほどの合理性がない場合、ある程度の数量をまとめて生産する方式である。ロット生産方式は、ライン生産方式よりも多い品目を、ある程度の数生産することに適している。リードタイムを考えると、見込生産と受注生産の双方が発生する。遊休設備を作らない生産管理が求められることになる。一方、資材調達コストの低減や、稼働率向上が求められるため、1ロットあたりの生産量が増加する場合があり、過剰在庫のリスクが存在する。

③個別生産方式

　個別生産方式とは、その企業の活動で生産可能な製品を、顧客のごとの注文に応じて多品目少量生産する方式である。多品目少量生産が求められるため、専用工程は設置せず、汎用の製造設備を設置して生産を行う。顧客の要望を製品に反映することが比較的に可能だが、生産性を高めることは難しい。生産管理や、製造技術に比較的高度な能力が要求される。

　以上が代表的な生産品目数と生産量、適した生産方式の関係だが、現実にはこの組み合わせから外れた生産計画を組まなければならないことがある。以下

に特徴的なその他の生産方式を列挙する。

(4) JIT（Just In Time）

ジャストインタイム生産システムは、生産計画に基づき「必要なものを、必要なときに、必要なだけ」調達する手法を指す。トヨタ生産方式の要素として知られ、「カンバン方式」とも呼ばれる。ジャストインタイム生産システムの狙いは、工程間の加工途中の在庫（仕掛在庫）を最小化することを目的としている。カンバンは前工程から、加工品と共に納品証（引き取りカンバン）として後工程に引き渡される。後工程では加工品が使用された後、前工程に発注書（生産指示（仕掛り）カンバン）として戻される。前工程は、発注書としてのカンバンを受け取った後に加工品を製造し、再度、加工品とともに納品証として引き渡される。後工程で消費された分の加工品が前工程で生産されるため、仕掛け在庫を最小化することが可能になる。

図 9-1　JIT の概念図

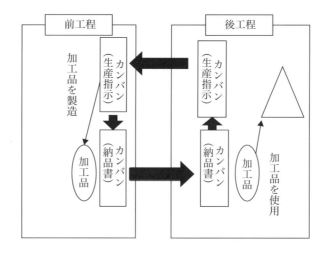

ジャストインタイム生産方式は、仕掛け在庫の最小化によって企業資源の効率的な運用を可能にしている。一方で、在庫を保有しないことによるリスクも

存在する。在庫を最小化しているため、製造工程のどの部分が停止しても操業停止に直結してしまう。災害やテロなどにより緊急事態が発生した際に企業活動の継続や復旧を図るための計画として、BCQ [1]（事業継続計画）があり、資材調達について複数発注体制を構築するなどの対策が求められている。実際に、JIT の生みの親であるトヨタ自動車では、事故や、自然災害により複数回の操業停止を経験し、供給リスクの高いものは複数発注体制が構築されている。

(5) BTO（Build to Order）

BTO は企業内に製品を完成品ではなく、部品の状態で保持しておき、顧客から発注を受けた後に製品を完成させ出荷する。企業は、完成品よりも流動性の高い部品の状態に留めておくことで在庫リスクを軽減することができる。一方で、企業は軽減しているとはいえ、依然在庫リスクが存在する。顧客にも、発注後のリードタイムが指摘できる。BTO によって供給される主な製品にパソコンや自動車や、オートバイ、住宅がある。

(6) CTO（configure to order）

CTO は、BTO の一種で、BTO と異なるのは受注後ユーザーのニーズに合わせて製品をカスタマイズすることが可能なことである。企業は、BTO と同じく在庫リスクを軽減出来るほか、顧客ニーズへの対応が容易である。顧客としては、必要な部品を選択することができるため、購入コストを抑えることができる。

(7) CE（concurrent engineering）

CE とは、製品やシステムの開発時に、開発・設計部門、調達部門、試作・製造部門、マーケティング部門など各工程を担当する部門が、情報共有と課題の検討を行う生産方式である。前工程の完了後に後工程が業務に入るのではなく、前工程からの情報を基に後工程も業務に入る。複数の工程を同時並行で進めることで、リードタイムの短縮をはかることや、製造コストの削減、顧客ニー

ズを反映した製品の開発を行うことができる。

(8) OEM（original equipment manufacturer）

OEM は、他社ブランドの製品を生産することである。OEM 生産のメリットは、新規参入企業が生産技術や生産設備を持たない場合、OEM 供給を受けることで市場に参加することが可能になる。また、需要過多により、自社の生産能力が需要を下回るときなどにも OEM 供給を受けることがある。

OEM 元としては、余剰の生産設備の活用や技術を持つがブランド力のない企業がブランド力のある他企業の名前で販売を行うことがある。

(9) 工程管理

生産管理の重要な要素として工程管理があげられる。一般的に生産計画を期間で分けると、年次生産計画、月次生産計画、週次生産計画、日別生産計画に分けることが出来る。

年次生産計画は、販売計画をもとに、月別に1年間の生産計画を定める。その際、経営資源の調達について計画が行われる。月次生産計画や、週次生産計画は生産量や、経営資源の分配について確定される。日別生産計画では、製品別の生産量や、生産スケジュールが確定され、作業指示が行われる。

2．品質管理

(1) QC（Quality Control）

QC は品質管理のことで、製造部門だけではなく IT 部門など他の部門でも重要だといえる。QC には QC7 つ道具と呼ばれる分析手法があり、品質を管理するためにデータを数値化し、定量的に分析を行う手法が確立している。

①グラフ

収集した定量的なデータを視覚的に表現し分析する方法にグラフがある。グ

ラフによって、数量の比較、時系列的な推移、構成比を視覚的に表現することができる。棒グラフを用いた場合、数量の比較を、折れ線グラフでは時系列的な推移を、円グラフでは構成比を直感的に分析できる。

②特性要因図

原因と結果の関係を、明らかにするために魚の骨に似た形状に図示し、問題の要因を明らかにする手法である。矢印である要素が別の要素にどの用に影響を与えたかを分析する手法の1つである。

図 9-2　特性要因図の例

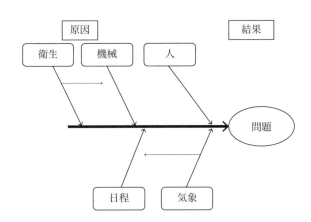

③散布図

散布図は、座標上にプロットした点のばらつきの形によって、2変数データ間の関係を示したものである。正の相関には、一方が増加すれば、他方も概ね増加する傾向があることを示している。負の相関には、一方が増加すれば、他方は概ね減少する傾向があることを示している。無相関の場合、2変数の間に直線的な関係が無いことを示している。直線に近いほど2変数間の関係が強く（強い相関）、円に近いほど2変数間の関係が弱い（弱い相関）。

図 9-3　散布図の例示

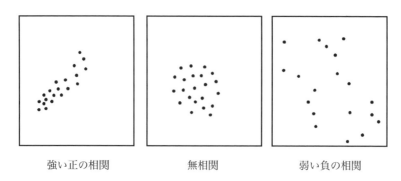

　　強い正の相関　　　　　　無相関　　　　　　弱い負の相関

④層　別

　層別は、データを同質な層（グループ）に分け、分析を行う。層の例としては、年齢や、作業方や業務時間があげられる。データを層に分けることで、問題を切り分け、具体化することができる。

⑤パレート図

　工程改善などに用いられる手法。データをいくつかの項目に分類し、横軸には値の大きい順に棒グラフで示し、累積値を折れ線グラフで表す。改善可能な項目の抽出が可能であり、優先的に改善するべき項目を把握する事ができる。また、パレート図は、第 7 講で述べた ABC 分析にも用いられる。

図 9-4　パレート図の例示

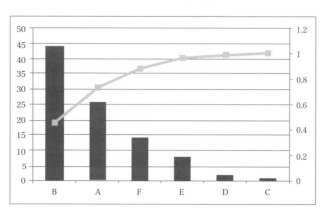

⑥チェックシート

確認要点事項をあらかじめ列挙したシートを作成する。確認の必要な事項が生じた場合、チェックシートを集計し確認するために用いられる。

⑦ヒストグラム

収集した量的データをヒストグラム化し、視覚的に平均・分布の全体的な傾向を把握する。山の形から品質のばらつきの傾向を確認することができ、閾値を設定することで規格外の製品がどの程度あるかを確認することができる。

(2) TQC (Total Quality Control)

TQCは、フェイジェンバウム（1991）によって提唱された統合的品質管理である。ここまでみてきたQCが、製造部門に対して適用される品質管理手法だったのに対して、調達、営業、マーケティング、マーケティングなどの製造部門以外の部門に適用する手法のことである。

フェイジェンバウムは、TQCについて、①教育を行う、②PDCAサイクルを実行する、③全社的推進組織の設置、④QEサークルを設立し、従業員全員によるQE活動を行う、⑤方針管理を実施する、⑥経営者による評価を行う、⑦品質を保証するシステムを充実させる、の以上7項目が必要だとしている。

TQCの狙いは、品質管理が行われてこなかった部門も含めて、統合的に品質管理を行うことである。全社的に行われるため、従業員全員の参加が必要となる。

(3) TQM (Total Quality Management)

TQMは、総合的品質管理と訳され、企業活動全般の品質の維持・向上を目指す手法だといえる。TQMはTQCから発展した活動であるため、類似点が多いが、経営者によるトップダウンがより強調されている。また、TQCは企業側の論理が中心であり、顧客について十分に考えていないことや、体系化が不十分であり、主導者により手法が異なること、近視眼的であり、長期的な視点に欠けること、科学的視点に欠けている、提唱から時間がたち形骸化してい

るとして TQC に代わりより体系化され、合理的である TQM が推進されるべきだとしている（飯塚悦功　1995）。

3. 生産管理とは

　生産管理について、特に生産方式と品質管理の基本的な経営学手法について記述した。記述範囲が広範に及んでいるため、各項目で多くの部分を捨象している。生産管理の発展と、それを援用した全社的な品質管理は企業の健全な存続と成長に欠くことはできない。QC に関しては、定量的な分析を中心とした QC7 つ道具の他に、定性的な分析を目的とした新 QC7 つ道具など記載しきれなかった分析手法も存在する。また、概念的な整理を中心に行ったが、ケーススタディなど、実際に企業で行われている活動を確認することも経営学を学ぶ上で重要である。

注
1）Business continuity planning

参考文献
A. Feigenbaum「これからのトータル品質」『品質管理国際会議 1987- 東京〈特別企画〉』日本科学技術同盟、1987 年。
A.Feigenbaum, *TOTAL QUALITY CONTROL THIRD EDITION, REVISED*, McGraw-Hill Book Company,1991.
飯塚悦功『ISO9000 と TQC 再構築―ISO9000 シリーズを超えて』日科技連出版社、1995 年。
藤本隆宏『生産マネジメント入門〈1〉』日本経済新聞社、2001 年。

第10講　商業の生成と発展

1．交換と商業

(1) 交換と売買

　私たちは日々、多くのモノ（財）を使用しながら生活をしている。それは今あなたが着ている服や、大学で使用するペンなどの文房具だけでなく、日々の食べ物も含まれる。これらを使用したり食べたりすることを消費というが、私たちはそれら多様な財を消費することで生活を送ることができている。

　では、私たちはこういった財をどのようにして手に入れているのだろうか。おそらく、多くの人がそれらの財を自らで生産することはほとんどないだろう。大半はどこかのお店で買い物をすることで自分に必要な財を入手しているはずである。それは貨幣と財を交換していると言い換えることができる。

　要するに、私たちは自分で生産するのではなく、交換によって必要な財を入手しているが、そもそも交換とは何であろうか。代表的な交換様式として物々交換があげられる。ただ、私たちの日常においては貨幣を用いた交換が主流となっているが、それはなぜだろうか。これは物々交換が成立する3つの条件を考えれば明らかである。

　物々交換が成立する1つ目の条件は欲望の両面一致である。これは、例えば私が水を持っていたとして、パンや肉を必要としているとしよう。そのとき都合よくパンや肉を所有する他者を見つけることは決して簡単なことではない。しかも、仮にそれらを所有する者と出会えたとしても、相手側が私の所有する水を欲しいと思わなければならない。つまり両者の欲するものが一致しな

ければ、その交換は成立し得ないのである。

2つ目の成立条件は交換比率の両面一致である。仮に両者の欲するものが一致したとしよう。私は水 500ml が相手のパン 5 切れ相当の価値があると思っていたとしても、相手側がパン 5 切れは水 1000ml 相当の価値との考えであればこの交換は成立しないことになる。つまり交換するための比率が一致しなければならないのである。

3つ目の成立条件は交換数量（単位）の両面一致である。仮に水 500ml がパン 5 切れの交換比率に一致したとしよう。私が欲するのはパン 10 切れなので水 1000ml と交換したいと思っても、相手側が水 500ml で十分と思っていた場合は、これも同様に交換は成立しないことになる。つまり両者の必要とする量も一致しなければならないのである。

以上のように、物々交換の成立条件は現実的に大きな困難性を持っていることがわかる。しかし、ここで貨幣が登場することによって、この困難性は大きく緩和されることになる。既述の例で言えば、私が所有する水 500ml を欲する相手が貨幣所有者であれば、私がパンを欲しており、相手がそれを所有していなくても、交換を実現することができる。なぜなら、そこで私が貨幣を得ることができれば、次はそれを使って自分の欲するパンを入手すれば良いのである。つまり、貨幣は欲望の両面一致ではなく片面一致で交換を成立させることができる。

交換比率についても、貨幣が示す金額は誰にとっても共通の尺度となることから、多様な商品間の比較が容易になるため両者の合意も成立しやすい。同様に、交換数量についても、貨幣は共通の尺度でありかつ分割が可能であることから、必要分の貨幣を用意するだけで良くなり、その合意も成立しやすくなる。

このように物々交換と比較すると、貨幣が介在することで販売と購買の二度の交換に分割されるが、はるかにそれが容易になっていることがわかる。

(2) 商業と流通

すでに述べたように、私たちは財を自分で生産するのではなく、取引によっ

て交換している。これは生産から消費までには様々な隔たりがあることを意味しており、流通はそれらをつなげる活動として位置づけられる。

通常、流通は生産者と消費者が直接につながることはあまりなく、その間に商業者（商人）といわれる第三者が介在した形となっている。このような生産者と消費者の間に商業が介在する流通を間接流通とよび、両者が直接取引している流通を直接流通とよぶ。

日常を振り返れば、私たちはコンビニエンスストアやスーパーマーケットなどの小売店で買物していることからほとんどが間接流通であるといえる。しかし、なぜ間接流通が主流なのだろうか。このことは日常生活においてあまりに当たり前になっているので、疑問に感じられることはないかもしれない。しかし、例えば、生産者から出荷された商品が1,000円とした場合、小売店で販売される価格は、通常それよりも高くなるはずである。つまり、小売商業者の利益分も加算されたものとなっているわけだが、それは商業を経るごとに価格が高くなる。とすれば、なぜ私たちはわざわざお店で商品を購入するのか、という疑問が浮かぶことになる。

ここで、小規模な生産者がP人、消費者がC人いたとしよう。P人の生産者はいずれも異なったモノを生産し、C人の消費者はそれらすべてを欲しいと考えていると想定する。図10-1に明らかなように、取引や商品探索の数を比較すると直接流通よりも間接流通の方が節約されていることがわかる。これは商業者が多くの生産者から仕入れ、多くの消費者に販売をするからである。つ

図10-1　直接流通と間接流通における取引数と商品探索数の比較

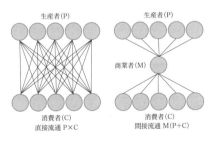

まり、商業者のところに多数の販売・購買が集まり、効率化されることによって流通にかかる費用が節約される。このことを「売買集中の原理」という。

商業者が生産者から独立していることで、多様な生産者からの商品の品揃え物が形成される。こうなることで、消費者の側から見ると自身の望む商品と出合う可能性も高くなる。つまり、直接に各生産者のもとへ赴くよりも、格段に買物の負担が小さくなる。また、それは生産者の側から見ても、消費者に直接販売するよりも容易に多くの集客をすることができる。このことで生産者は販売を商業者に任せ、自身は生産に集中することができる。つまり、生産者と消費者が分離した分業社会においては、商業が介在する間接流通であることで、むしろ多数の生産者・消費者を効率的につなげることができる。すなわち、商業の存在が生産者と消費者の間に成立する市場の基盤となっているのである。

2．商業の内部編成

(1) 卸売商と小売商

既述のように、流通において商業が介在する根拠には売買集中の原理がある。たしかに、商業によって売買が集中されることで流通が効率化されていることは直感的に理解しやすい。ところが、その原理の通りだとすると、1つの巨大な店舗にすべての売買を集中することが、もっとも効率的ということになる。だが、現実的に考えれば、それが決して便利でないことは容易に想像できる。それどころか、ちょっとした商品を購入するためにも、そこまで到達する時間や手間を考えると膨大なコストがかかってしまうのである。

実際には、生産と消費の間に介在する商業は小売商だけでなく、問屋などの卸売商が存在し複数の段階がある。ここで小売商とは最終消費者に販売する商業者であり、それ以外に販売する商業者を卸売商という。また小売商だけを見ても、それは様々な業種や業態が存在する。このような、段階や部門、業態の多様な構成を商業の内部編成という。まず、商業の段階構成についてみよう。

ここで図10-2を見てみよう。これは流通の多段階構成を示しているが、生

産と消費の間には収集・中継・分散の段階があることがわかる。例えば農産物など産地が小規模で各地に分散している場合は、一旦それらを収集し、中継段階で各種商品を組み替えながら分散していくことになる。このような過程を経ることで、小売商の段階で多様な商品の品揃え物が形成されることになり、消費者も容易に多様な商品を購入することができるのである。

　要するに、小売商と生産者が単純に直接取引すれば効率的になるのではなく、卸売商が介在することが現実的な売買の集中をもたらしていることがわかる。さらには、収集から中継、分散の過程を経る中で、様々な商品の組み換えが行われ、消費者にとって有用な品揃え物が形成されていくことになる。

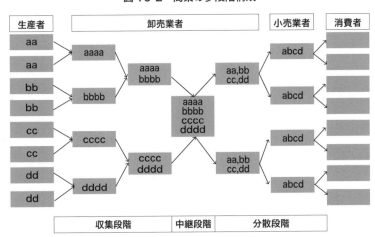

図10-2　商業の多段階構成

(2) 商業による市場の拡張と取引計画性の調整

　流通が卸売商や小売商によって多段階に構成されるのは、品揃え物を形成するためだけではない。現代の生産体制をみたとき、多くの大規模メーカーが存在し生産は大量に行われている。生産が大量になればなるほど、大規模で広域な市場が求められる。仮に単独の生産者が自ら販売をしようとした場合、空間的にはせいぜい数km程度の範囲が限界であるが、それでは市場が圧倒的に不足することになる。つまり、大量生産を行う生産者はより広い市場が開拓され

なければならないが、それはどのように可能となるのか。

　例えば、商業者が販売の専門家として1店舗で1,000人の消費者を引き付けることができるとしよう。生産者からすると取引する商業者が増えるほど、空間的な市場が広がることになる。もちろん、生産者と直接取引する商業者が際限なく広がるわけではない。生産者からすると、取引する商業者が増えれば増えるほど商業者は空間的に広がり、結果として非効率になる。

　このとき商業者が小売商だけでなく、卸売商も介在することで、その非効率さは大幅に改善される。仮に1つの卸売商が50の小売商と取引できるとすると、その先には5万人の消費者との取引があることを意味する。したがって、もし生産者が5つの卸売商と取引すれば、間接的であるとはいえ250店舗の小売商と取引することを意味し、さらには25万人の消費者と取引できる可能性がある。このように考えると、流通において卸売商と小売商が媒介することによって、市場が幾何級数的に拡大されていることがわかる。このような役割を商業者の市場拡張機能という。

　生産者にとっての拡張機能は、無数の消費者からなる市場との取引を、比較的少数の商業者との取引で可能とするものである。これの意味するところは、単なる空間的な取引相手の拡張だけではない。生産者と消費者における取引の計画性を調整する役割も担っている。このことは生産者、消費者それぞれにおける性質の相違から生じる。

　一般的に生産者は高額の生産設備を必要とし、その固定費も大きい。だからこそ安定的で規則的な大量生産をすることで、効率的な経営を実現しようとする。他方で個々の消費者においては、必要な商品をいつ、どこで、どれだけ購入するか、それこそ気まぐれといってよいほど不規則であり、かつ少量となる。つまり川上から川下にいくほど、不規則で少量になる。

　そこで、生産者は複数の卸売商と大量かつ規則的に取引をし、計画的な生産を可能とする。さらに卸売商はより多数の小売商と取引をすることで、大量商品が分荷され、個別の小売商が取引可能な単位にまで小さくなる。それとともに、卸売商も小売商もそれぞれが在庫を保有することで急な需要変動の緩衝材

となり、川下の不規則性に対応することができる。その意味で、商業者（卸売商・小売商）が多段階構成であるからこそ、大きくかい離した生産者と消費者の計画性を調整可能としているのである。

(3) 業種店と商業集積

　売買集中の原理では、商業は多様な生産者と取引をし、多様な商品を取り扱うことで、効率的な流通が実現し市場が成立することを強調した。しかし、実際の商業者は無限定に何でも商品を品揃えするのではない。それは多様な業種に分かれているが、理由として次の２点がある。

　１点目は、商業者の商品を取り扱う技術の範囲である。商業者は単に商品を仕入れて販売をしているわけではない。商品を適切に取り扱うには、その業界の構造や慣習、商品そのものの知識や技術といった専門性を必要とする。また、商品の物理的特性によって必要とされる店舗設備なども異なってくる。例えば、生鮮食品を扱う小売商と衣類を取り扱う小売商では、必要な設備も知識もまったく異なることは想像に難くない。仮にそれらを取り扱おうとすると、新たな設備の導入や専門知識のある新たな人員を雇う必要があるなど、かえって非効率になってしまう。つまり商品を取り扱う技術の差異によって、業種店が多様に存在するのである。

　２点目は、消費者の買物行動における関連購買商品の範囲である。例えば、夕食の材料を購入するのに際して、一か所で買物できるワンストップ・ショッピングであるとその利便性が高まると考えられる。しかし、夕食の材料の買物時に、パソコンやカメラを買おうとは、なかなか思わないだろう。つまり、一か所に何でもかんでも揃えることが、消費者にとっての利便性を高めるとは限らない。それどころか、関連の薄い商品が膨大にあることが、むしろ目的の商品を探すのに負担を大きくすることもある。したがって、消費者の関連購買商品の範囲に沿う形で商品が品揃えされ、結果として業種は多様になるのである。

　以上の２点の理由によって多様な業種店が存在するわけだが、一般的には個別商業者の商品取扱技術で扱える商品の範囲よりも、消費者の関連購買商

の範囲の方が広い。したがって、商業者が消費者の関連購買商品に効率的に対応するため、商業集積が形成されることになる。商業集積とは商店街やショッピングセンターがその典型である。小売商は集積を形成することで、個別には商品取扱技術の専門性を追求することができ、他方で集積内の他店と相互に品揃えを補完しながら、消費者の関連購買商品の範囲に対応することができる。こうして売買集中の原理が現実的な姿として実現されることになる。

(4) 小売業における業態

　近年の小売業界では鮮魚店や乾物店、精肉店などの伝統的な業種店は減少の一途をたどっている。他方で、コンビニエンスストアやドラッグストア、ホームセンターなどの新しい小売業が成長している。このような新しい小売業を業態店という。代表的な業態店としては、上にあげたものの他に、百貨店、総合スーパー、食品スーパー、ディスカウントストア、SPA（speciality store retailer of private label apparel）などがある。

　これらに共通しているのは、業種店の壁を超えた品揃え物を形成しており、それは従来の業種店と商品取扱技術が大きく異なっていることである。一般的に業種は「何を売るか（kind of business）」、業態は「どのように売るか（type of operation）」の違いであるとされている。ただし、取扱商品の種類によって、必要とされる取扱技術が異なることを考慮すれば、「何を売るか」と「どのように売るか」は密接に関連していることがわかる。

　つまり、業態店とは業種店と異なった商品の取り扱い方をすることで、同時に取り扱う商品の種類や範囲をも変えている小売業のことを意味する。また別の見方をすると業態は、小売業の戦略やビジネスモデルが蓄積されたものということができる。その意味で、業態とは経営者の創造的な取り組みによって新たに開発されるものであり、様々な技術の進歩により今後も新たな業態は誕生し続けることになる。なお、各業態の具体的な説明については第11講で学んでほしい。

3．流通の再編成

(1) マーケティングの誕生と商業

　生産者と商業者が分業関係にあることで、生産者は販売を商業者に任せて生産に専念することができた。そのような生産者は、さらに自身の生産能力を拡大させていき大規模メーカーへと成長していくことになる。当然、生産量が拡大するほど市場も拡大されなければならない。

　しかし本格的な大量生産体制が確立し寡占メーカーが現われてくると、全体の生産力が商業の販売力を超過するようになってくる。つまり、販売力以上の生産力という意味で、過剰生産の状態が立ち現われてくる。日本では1960年代の高度成長期ごろがそれにあたる。

　このような状態になるとメーカーは競合に負けないためにも、販売を商業者に任せるだけではなく、自身で市場に働きかけ販売に乗り出すようになる。こうして、メーカー自らが市場に直接働きかける活動としてのマーケティングが誕生することになる。

　メーカーはマーケティングを展開するにあたり、競合と差別化するため自社製品にブランドを付与する。そうしてブランド化された製品を、メディアを通じて消費者に発信する。代表的には新聞やラジオ、テレビ CM などで広告していくのである。メーカーは市場に直接アプローチすることで、消費者からの自社ブランドへの愛顧を得ることができれば、指名購買してもらいやすくなる。こうなれば小売商も積極的にその製品を取り扱おうとする。すなわち、ブランド選択が実際の買物よりも前に行われていることから事前販売（pre-selling）されており、メーカーによる消費者を引き付ける活動をプル戦略という。

　一方でメーカーは、自社製品を優先的に取り扱ってもらうように、商業者をコントロールしようとする。そのためには製品がどのような流通経路を通ってどのように取り扱われているのかを把握する必要があった。商業者に優先的に取り扱ってもらうために、例えばある地域内での独占的販売権を付与したり、

様々なリベートなどのインセンティブを与えることで、メーカーにとって有利な流通経路を構築しようとしていた。このような商業者への働きかけを流通系列化という。これは先述のプル戦略に対してプッシュ戦略とされている。

こうした流通系列化によって、生産者から独立していた商業者の中立的な性質は変化することになる。すなわち、生産者との間に個別的な取引関係が組み込まれることになったのである。これは日本において1960年代から始まった流通革命の1つの側面をあらわすものであった。

(2) 大規模小売業の誕生

先に述べた流通革命には、もう1つの側面がある。流通系列化による流通経路の整備において対象となったのは、比較的小規模な伝統的商業者であった。つまり、メーカー側の働きかけによる流通機構の変化であった。当時の大規模小売業は百貨店ぐらいしかなく、その他は零細店が大半を占めていた。その結果「細くて長い」といわれる零細・過多・多段階の流通構造が形成され、大量生産体制の受け皿として対応できない状態であった。

一方で、そういった様々な環境変化は、当然ながら商業者側からの変化も引き起こすことになる。それが商業の近代化としての大規模小売業の誕生であった。当時の小売経営者たちが米国へ視察に行き、先進的な経営方式を学んだ。そうした中で、セルフサービス方式やチェーンシステムが日本にも導入され始めた。また、そうした経営者たちが相互に学習しあう経営交流の場で、新たな経営方式の浸透が進んでいった。

こうした小売業は「スーパー」とよばれ、米国のスーパーマーケットをモデルとしながらも日本独自の業態として発展をした。元来、スーパーマーケットは食料品が取扱商品の中心であり、日本では後に食品スーパーとして定着することになる。しかし、当時の日本では多くのスーパーが特定の取扱商品に特化しない総合スーパーやGMS(general merchandise store)として発展をしていく。

総合スーパーを中心とした大規模小売業は、チェーン化することで本部一括の大量仕入れと多店舗化による販売量の増加を実現した。その結果、これまで

の「細くて長い」流通経路から「太くて短い」流通経路が可能となった。もちろん現実には急速な転換がなされたわけではないが、流通機構の変化は確実に新たな方向へ加速されたのであった。

(3) 情報化による流通・商業の変化

　流通の変化は、店舗の大規模化だけではない。1970年代には多くの消費者に生活用品が行きわたり、物的には豊かな社会が実現された。そのようになると、人々の生活は個性化が進み、そのことはニーズの多様化をもたらすことになる。多様化が進むと、従来までのような少品種の単純な大量販売ではなく、多品種で消費者へのよりきめ細かい対応が必要となる。

　こういったことへの対応を大きく前進させたのが、情報技術の発展とそれによる情報ネットワーク化であった。1980年代以降になると、コンビニエンスストアで導入されたPOS（point of sales）システムが本格的に稼働し始める。POSシステムにより単品管理が可能となり、単品ごとの販売状況や在庫状況などをネットワーク上で迅速に把握することができるようなった。

　従来、メーカーが需要動向を知るためには多数の小売商と取引をしている卸売商に集約された情報から、間接的に全体的な傾向を把握するしかなかった。それがPOSシステムなどの情報化が進むと、ネットワーク上においてほぼリアルタイムに集計され、さらにはこれまでと比べ物にならないほどの精密化された需要動向を把握することができるようになる。

　こうして、メーカーは小売商と直接的に取引関係を結ぶことができるようになり、その分として卸売商が果たしていた情報縮約の役割の存在感は小さくなる。このことは卸売商の中抜きとして、流通機構の変化をもたらすことになる。

　情報化がもたらす影響はそれだけにとどまらず、メーカーと小売商の関係にも変化をもたらす。すなわち、市場に関する情報をもっとも保有する小売商の相対的なパワーが他の卸売商やメーカーに対して強くなるのである。このことは、これまでメーカーが希望小売価格として実質的に設定されていた価格が、今や小売商が設定するオープン価格へと変わっていることからもわかる。それ

だけではなく、大手メーカーが小売商の独自商品としての PB（private brand）を協働で開発するなど、その主導権が小売商側にシフトしているのである。

　情報化の進展は、コンビニエンスストアでの多頻度小口配送をも可能としたが、これは従来までの在庫による需要への適応から情報による需要への適応へとその調整方法が変わったことを意味する。これは、単に小売商だけが情報を保有しているからではなく、取引関係にあるメーカーや卸売商など各主体によって共有されることで、全体での最適な適応を実現しているのである。こうした川下の小売起点による、各主体全体で連鎖を適応させる視点をサプライチェーン・マネジメントという。

　今後の流通機構はメーカーや商業者だけでなく、その他の物流業者など様々な主体が個別的な効率性を目指すのではなく、全体としての効率性・最適性を目指す方向へと変化していく。それの基盤が情報技術であり、いかにサプライチェーン全体として捉えるかという視点の変化が求められている。

参考文献
石原武政・矢作敏行『日本の流通 100 年』有斐閣、2004 年。
石原武政・忽那憲治『商学への招待』有斐閣、2013 年。
大阪市立大学商学部編『流通』有斐閣、2002 年。
田村正紀『流通原理』千倉書房、2002 年。

第11講　流通産業

1. 流通産業

　流通産業とは、商品を生産者から消費者まで仲介する機能を果たすことに携わる全ての産業のことを指す。従来は、商品を小売業へ販売する卸売業と消費者へ販売する小売業がその中心であったが、今日は運輸業、倉庫業、情報産業などの重要性も高まってきている。これには生産者による製品開発、小売業が中心となり行う商品開発、ロジスティクスなど様々な面において、商品を生産者から消費者まで仲介するために流通産業全体でのシステム的な働きが求められている。

　加えて20世紀後半から21世紀にかけて、日本の流通は激しく変化してきている。変化を引き起こしている要因は多数あり、それらが複雑に交錯し合い、より複雑な問題へと発展している。要因にはバブル経済崩壊後の不況の長期化、デフレスパイラル、政府による大規模小売店舗立地法の施行や一連の規制緩和、情報技術の進展によるインターネット通信販売の成長、外資系小売業の日本への進出、少子高齢化の進行による市場の縮小などがある。

　これらの変化に対して流通産業、特に商品流通の末端に位置する小売業は消費者のニーズを満たすための対応をしていかなければならない。その結果、小売業は単なる買い物をする場ではなくなり、大型商業施設においては催事や娯楽提供、文化活動、銀行機能までも店舗内で実施されるようになった。

　本講では小売流通に焦点を絞り、様々な小売業の業態発展を見ていくことにする。その理由は、①小売業が商品流通の末端組織であり、②消費者にとって

身近で、なくてはならない存在であり、③変化する環境への対応が顕著に表れている、の3つである。

2. 百貨店の誕生

　世界で最初の大規模小売業の百貨店は1852年にA.ブーシコーがパリに開いたボン・マルシェである。他の国に目を向けるとアメリカでメーシーが1858年、イギリスでホワイトレーが1863年、ドイツでヴェルトハイムが1870年というように、1850年代から1900年代の初頭にかけて多く誕生している。

　百貨店が誕生した歴史的背景は大量生産体制の確立にある。19世紀の最も代表的な消費財であった衣料品が世界の工場と言われたイギリスのランカシャーで大量生産されるようになり、西ヨーロッパ諸国にも機械制大工業による衣料品の大量生産体制が拡大した。大量生産体制の確立は大量販売の場所を必要とする。つまり、小売商業も必然的に変わらざるを得なかった。それまでの小売商業は手工業的に生産された衣料品を、消費者を見て消費者によって価格を操作していた。消費者は商品の品定めをして値切ろうとし、小売業は顧客の品定めをして掛け引きをし、それによって価格が決定されていた。

　しかし、一定の品質で大量生産される商品は、大量販売されなければならず、顧客一人ひとりに対する掛け引きは、時代にそぐわなくなった。そこで、ボン・マルシェでは不特定多数の消費者に、一定した価格を、定価で示すことにした。商品に定価を付し、値札を付けて陳列し、掛け値なしで現金で販売するという現代では当然の販売方法を創り出した[1]。この革新的な販売方法は低マージン・高回転をもたらし、低価格での大量販売が実現可能になった。

　百貨店は、英語ではデパートメント・ストア（department store）と言い、このデパートメントとは日本語で部門を意味する。この意味からも明らかなように、百貨店経営の基本は部門別管理にある。百貨店は、ひとつの資本のもと買回品を中心にありとあらゆる商品を商品部門別に品揃えし、部門別組織で仕

入れ、管理、販売する経営管理の方法を実践し、この部門別組織による経営管理で大規模なワン・ストップ・ショッピングを実現している。

　ブーシコーが創った百貨店の原則はその後アメリカのジョン・ワナメーカーによりいっそう深められる。ワナメーカーが制定した営業方針は、①現金販売、②定価販売、③品質保証、④返品・返金の自由[2]がうたわれ、これらは現代の小売業の営業原則の基礎となっている。

　日本の百貨店は、ワナメーカーの影響を強く受け、ボン・マルシェの開業から約50年後の1905年に三越呉服店（現：三越）が全国の主要新聞に、今後三越が呉服店から百貨店に変わるという意味での全面広告、「デパートメント・ストア宣言」を出したことに始まる。

　三越が、百貨店に転換するにあたり具体的に導入したことは①勘定科目のない大福帳勘定から西洋式簿記への移行、②ショーウィンドウの導入と陳列方法の採用、③晴れ着の流行パターンの提案、④高等教育を受けた新人の採用、⑤店規や諸規則の厳格化、⑥ポスターやPR誌を活用した広告・宣伝の展開などである[3]。三越のように呉服店から百貨店へ転換したのは、松坂屋、大丸、高島屋、伊勢丹、丸井などがあり呉服系百貨店と呼ばれる。

　日本の百貨店を形成するもう一つの流れは、都市の鉄道網の発展とともに開発された鉄道系百貨店である。阪急百貨店の創業者小林一三の「乗客は電車が創造する」ということばからも想像できるように、まず電車を走らせ、交通の利便性を確保し、そこに乗客を乗せるために百貨店や住宅、宝塚劇団、動物園、映画館などを次々に開業した。阪急百貨店の他にも鉄道会社が開業した百貨店は西武百貨店、東急百貨店、名鉄百貨店、近鉄百貨店などがあり、呉服系百貨店とともに都市文化の担い手として不可欠な存在となった。

　百貨店は様々な革新を行い、1970年代までは日本の小売業の売上のトップに君臨し続けた。しかし、1970年以降徐々にその地位は低下し、市場規模は1991年度の9兆7,131億円をピークに減少の一途をたどり、2016年度は5兆9,780億円で、ピーク時から約3.7兆円減少している[4]。

　インターネット通信販売や他の流通産業の成長など、百貨店を取り巻く経営

環境は厳しく、それを表すように2000年代以降は大手百貨店同士の経営統合が相次ぎ、業界再編の動きが顕著である。
- 2007年9月：J. フロントリテイリング（松坂屋・大丸）
- 2007年10月：エイチ・ツー・オーリテイリング（阪急百貨店・阪神百貨店）
- 2008年4月：三越伊勢丹ホールディングス（三越・伊勢丹）
- 2009年9月：そごう・西武（そごう・西武百貨店・ミレニアムリテイリング・ロビンソン百貨店）

このように百貨店同士の経営統合に加えて、2014年6月にはエイチ・ツー・オーリテイリングが関西を地盤とする総合スーパーのイズミヤと経営統合するなど他業種との提携も見られる。また、三越伊勢丹ホールディングスではイオンの中にMIPLAZAという形で出店したり、中部国際空港にもイセタンセントレアストアを出店したりと、従来の百貨店とは異なる動きを見ることができる。今、百貨店は変革の時期に来ている。

3. スーパーマーケットの誕生

世界で最初のスーパーは、1930年にアメリカのニューヨークでマイケル・カレンが開業した「キング・カレン」である。1929年恐慌とその後の大不況がアメリカの食料品チェーンストアを食料品スーパーマーケットへと転換させた。キング・カレンは劇的低価格販売を売りにするために、300品目を原価で、200品目を原価の5％高で、300品目を原価の15％高で、300品目を原価の20％高で販売することにした[5]。このように特定の商品をロス・リーダー、すなわち目玉商品にして顧客を惹きつけ、別の商品の利幅を大きくしたプロフィット・リーダーを配置するマージン・ミックスを展開した。加えて経費の節減のためにセルフサービスを大幅に採用し、高回転を実現することで低マージン、低コスト、高回転、高収益をあげる劇的低価格販売を確立した。

日本のスーパーは、1953年に東京・青山で開業した紀ノ国屋に始まる。アメリカから輸入されたスーパーという業態はダイエーの中内功、ジャスコ（現：

イオン）の岡田卓也といった多くの日本の大手スーパーの創業者に大きな影響を与えた。しかし、日本のスーパーはアメリカから直輸入ではなく、異なった特徴を持っている。それは両国が発展した時代背景の違いが大きい。アメリカのスーパーは、不況期にいかにして低価格販売を行うかという観点でセルフサービスによる費用削減と費目別マージン率の設定で革新的小売業として誕生した。その結果が中間卸売業の排除という形で現れる。

　一方、日本のスーパーは1950年代の高度経済成長期に輸入され、日本型流通の特徴である卸売業の層の厚さに依存した品揃え・仕入れ体制を取った。卸売業から食料品だけでなく、衣料品や日用雑貨品、電化製品などを仕入れ、品揃えの幅を広く深くし、当初から総合化を目指していた。その結果、多店舗化、店舗拡大に成功し、日本型スーパーマーケットは総合スーパーとしてその姿を変えていった。

　スーパーの経営特徴は①多店舗展開と本部一括仕入れによるチェーンストア方式、②「マージン・ミックス」による安売りの訴求と利益を確保する低価格販売、③開架式陳列棚に並べられた商品を顧客が自由に選択するセルフサービス方式、④配達・掛売り・御用聞きなどのサービスは行わない現金払い・持ち帰り制の4つである[6]。

　チェーンストア方式を採用し、本部が一括仕入れを行うことで、一度に大量の商品を仕入れられ、低価格仕入・低価格販売が実現可能になる。一括仕入れによるスケール・メリットは、各店舗ができるだけ同じような商品を取り扱う場合に発揮される。従って、売れ筋商品に絞り定番品を多数扱うことが効率的である。

　スーパーの経営特徴①のチェーンストア方式を採用しての多店舗展開は、たとえ個別店舗が小規模であったとしても全体での大量仕入れ・大量販売によるメリットが発生するだけでなく、消費者の小規模分散性の問題を解決することもできる。

　スーパーの経営特徴②の低価格販売は、チェーンストア方式のスケール・メリットを活かしながら、安売りを強調する価格政策である。

マイケル・カレンが行った価格政策が現代にも活かされており、購入頻度が高く、値段が安い商品は粗利益を抑え、徹底的な安売りを強調する。そうすることで消費者はその安さに魅力を感じ、高い集客を実現する。一方、購入頻度が低く、価格が高い商品は、通常の価格で提供し利益を確保する。個別商品の利益ではなく、全体で利益をどう確保するのかという観点で捉えられている。

この低価格を実現するためにスーパーの経営特徴③、④のセルフサービス方式の導入と現金払い・持ち帰り制によって従業員の負担を減らし、人件費を抑えている。

スーパーという小売業態の画期性は、チェーンストア方式によるスケール・メリットを基盤としてマージン・ミックスによる安売りと利益の確保を同時追求する一方、セルフサービス方式による経費の削減を通じて高い利潤を確保している点である[7]。

アメリカから輸入され、日本独自のシステムで急成長したスーパーは1972年にダイエーが三越から売上高トップの座を奪い国内最大の小売企業へと成長した。同時期にイトーヨーカ堂やジャスコなどとともに総合スーパーという新たな小売業態を形成し、百貨店の総売上高を抜いた。1980年代のスーパーは百貨店とともに日本の小売業を先導する存在だった。

現在、全国的な店舗展開をしている代表的な総合スーパーはイオン、イトーヨーカ堂、西友、平和堂などがあり、東海地区を中心に展開しているものにユニー、フィール、ヤマナカ、アオキなどがある。

その一方で、アメリカのように食品に特化したスーパー、いわゆる食品スーパーも存在感を強めている。近年の出店傾向は総合スーパーよりも食品スーパーの方が多い。代表的な食品スーパーはマックスバリュ、関西スーパー、ライフ、ヨークマルベニなどがあるが、食品スーパーは地域柄が色濃く出る性質から全国展開しているものは多くなく、その地域に根差した店舗展開や品揃えをしている。東海地区を中心に店舗展開している食品スーパーはバロー、ピアゴ、カネスエ、タチヤなどがある。

ユニーグループが総合スーパーとして展開するユニーの多くをショッピング

センター (SC) 化し、食品スーパーとして展開するピアゴを食品スーパーに特化するように、事業の棲み分けが目立っている。しかし、1990 年代になると総合スーパーも百貨店同様、異形態間競争に巻き込まれ、ディスカウント・ストアや専門店チェーンなどの影響を受け、相対的地位が低下し[8]、別の成長の方法を探ることになる。

4. スーパーマーケットからショッピングセンターへ

スーパーマーケットも時代時代において社会的・経済的環境の変化の中で様々な対応に迫られ、業態の転換を行ってきた。総合スーパーと食品スーパーの棲み分けが行われるように、総合スーパーの SC 化もその一つである。総合スーパーが SC へ積極的に進出したのは、自社店舗だけでは多様な消費者欲求にこたえることができなくなったことに起因する。

ショッピングセンター協会の定義によると、SC とは「1 つの単位として計画、開発、所有、管理運営される商業・サービス施設の集合体で、駐車場を備えるものをいう。その立地、規模、構成に応じて、選択の多様性、利便性、快適性、娯楽性等を提供するなど、生活者ニーズに応えるコミュニティ施設として都市機能の一翼を担うものである」[9]。SC の多くは百貨店や総合スーパーを核に、専門店や飲食店、レジャー施設、シネマコンプレックス等の複数店舗をディベロッパー (DV) が計画的に管理運営する商業集積である。このように多岐にわたるテナントを配置することでワン・ストップ・ショッピングを可能にするだけでなく、テナント間の相乗効果や波及効果が期待されている。

この DV は大型小売業が中心であり、近年は不動産業の参入も増えているが、日常の買い物の場所ということを考えると食品の扱いに長けているスーパーがその強さを発揮する。

SC は、1970 年代前半から都市の郊外化とモータリゼーションの進展により発展拡大し、特に 1990 年代以降は当時の大型店出店規制が緩和されたこともあり、急激に発展してきている。しかし、郊外の大型 SC は、地方都市の中

心市街地の商業集積の衰退を促進するとして、中心市街地問題として社会化され、2007年の都市計画法改正により郊外の大型店開発は規制の時代に入っている。

5. コンビニエンス・ストアの生成と発展

コンビニエンス・ストアは1927年に設立されたサウス・アイランド社（氷の製造販売店）が起源となる。当時の家庭用冷蔵庫は氷で冷やすタイプであり、サウス・アイランド社ではそのために必要な氷を夏は週7日、1日16時間営業で対応していた。営業をしていくうちに顧客からの要望で、氷以外にも牛乳やパン、卵、缶詰などを取り扱うようになり、顧客にとって利便性の高い店舗となっていった。この時間的・距離的・品揃的便利さの価値を提供することが大きな武器となり、1946年に店名を朝7時から夜11時という営業時間にちなんで「7-ELEVEN」とし、コンビニエンス・ストア業態の基本的なコンセプトを固めていったっ。

日本でのコンビニエンス・ストアは1971年に愛知県春日井市にオープンした「ココストア」が最初である。その後は、イトーヨーカ堂がセブンイレブンを、イオンがミニストップを、ダイエーがローソンを、西友がファミリーマートを、ユニーがサークルK（現：ファミリーマート）を開発したように、大手スーパーが主体となり日本のコンビニエンス・ストアの多くは設立された。その背景には、1974年に施行された大規模小売店舗法（大店法）が大きく関係している。1970年代から80年代にかけての日本の小売業の主役はスーパーだった。その一方で、大手スーパーの成長が中小小売業の存続を脅かすとも考えられ、店舗規模や営業時間を制限し、大手スーパーの企業としての成長にブレーキがかけられ、経営環境が厳しくなった。そこで、大店法の規制のかからない小型店舗いわゆるコンビニエンス・ストアを開発することで企業としての成長をめざす動きが広まった。

アメリカで誕生し、日本に輸入されたコンビニエンス・ストアという小売業

態だが、日本流に様々なアレンジが加えられ、日本独自の発展形態を見せている。それは「日本型コンビニ」[10]とも呼ばれる。アメリカと日本のコンビニエンス・ストアを比較した場合の、特に大きな相違点は店舗経営にある。アメリカの多くは直営店の形を取るが、日本の多くはチェーンストア方式の中でもフランチャイズ・チェーン（FC）方式を採用している点である。FCとは本部企業（フランチャイザー）による運営の計画、指導、管理のもと、契約を結んだ加盟店（フランチャイジー）が商標や商品・サービス、経営指導を受け、営業活動を行う経営形態である。

　日本でコンビニエンス・ストアのフランチャイズ・オーナーになるためには、「家族で従業する」という条件を満たす必要がある[11]。すなわち日本のコンビニエンス・ストアは家族経営を基本として展開されている。

　コンビニエンス・ストアの特徴は①利便性の提供、②チェーンストア方式の採用、③POSシステムを用いた商品管理、④多頻度小口配送の物流システムの4つを挙げることができる。

　コンビニエンス・ストアの売場面積は平均して30坪程度であるが、その中で約3,000アイテムが販売されている。決して広くない売場でこれだけ多くの種類の商品を販売するためには、「売れ筋商品」と「死に筋商品」の適切な把握が必要である。それを可能にしたのがPOSシステムである。POSシステムとは日本語で「販売時点情報管理システム」のことであり、レジの端末から「どんな顧客がどんな商品をいつ、何と一緒に買ったのか」を単品レベルで集計できるシステムである。このPOSシステムで「売れ筋商品」を把握して積極的な仕入れにつなげることと、「死に筋商品」を把握して売場から排除することで、効率的な売場活用ができる。また、商品情報を収集することで、どのような商品が求められているのかということを掴むことができ、それを製造業者にフィードバックするだけでなく、自らが製造業者と協働で商品開発したプライベート・ブランド（PB）商品を市場へ送り出すことにも成功している。

　商品の把握ができたら、どのように供給するかという問題を解決しなければならない。店頭に多くの在庫を抱えることができないので、需要の動向をにら

みながら、必要なときに必要な分だけの配送が求められる。セブンイレブンでは商品を配送するトラックごとに荷物室の温度の違いで5種類に分け、適切なタイミングで各店舗に配送している。このような配送方法では1店舗当たりの配送量が少なくなるが、配送量の少なさを、特定地域に10店舗前後を展開することでカバーし効率的な物流を実現している。

このように様々な革新を行い、日本で成長したコンビニエンス・ストアは2000年にはセブンイレブンがダイエーを抜き、小売業売上高1位の座を射止めた。近年は宅配便の受取サービスや銀行機能などへも力を入れており、文字通り私たちの生活に便利でなくてはならない存在になっている。

革新的なことを行うことでその時代を先導する小売業が生まれ、その業態ができなかったこと、やらなかったことを行い新たな業態が生まれてきた。今後も革新的なことを行える小売業は存在感を強め、市場を先導するだろう。

注

1) 佐藤肇『流通産業革命 近代商業百年に学ぶ』有斐閣選書、1971年、33〜34ページ。
2) 同上,38ページ。
3) 東伸一「商品を買う場の形」崔容薫、原頼利、東伸一著『はじめての流通』有斐閣、2014年、75ページ。
4) 日本百貨店協会 HP（http://www.depart.or.jp/common_department_store_sale/list）
5) 佐藤肇、前掲書、112ページ。
6) 満薗勇『商店街はいま必要なのか「日本型流通」の近現代史』講談社現代新書、2015年、188〜193ページ。
7) 同上書、192〜193ページ。
8) 東伸一、前掲書、77ページ。
9) 一般社団法人ショッピングセンター協会 HP（http://www.jcsc.or.jp/）
10) 満薗勇、前掲書、238ページ。
11) 同上書、238ページ。

参考文献

石原武政・竹村正明編著『1 からの流通論』碩学舎、2008 年。

石原武政・矢作敏行編著『日本の流通 100 年』有斐閣、2004 年。

伊藤元重編著『新流通産業』NTT 出版、2005 年。

鹿島茂『デパートを発明した夫婦』講談社現代新書、1991 年。

佐藤肇『日本の流通機構』有斐閣大学双書、1974 年。

田村正紀『業態の盛衰』千倉書房、2008 年。

第12講　人的資源管理

1．企業は人なり

　「企業は人なり」という表現は、経営の神様として知られる松下幸之助氏の言葉とされている。これは、企業が存続できるかはそこで働く人によって決まるという意味で理解されている。また、企業は、採用した人材を大切に育成することが、存続の要因であるとも理解されている。

　「企業は人なり」という言葉から、優秀な人材確保をすることが企業の存続に直接つながることから、優秀な人材の獲得が重要とされてきた。しかし、優秀な人材を獲得できたとしても、企業の安泰が保証されるわけではない。

2．人的資源管理が重要な理由

　現代社会では企業を取り巻く就業形態および労働環境は、大きく変化している。そのような状況において、企業は人材の確保を行わなければならない。企業が行っている人材募集活動は、単に人材を確保することが目的でなく、企業にとって必要である人材を確保をすることにある。企業にとって、どのような人材が現在必要とされており、今後どのような人材が必要とされるのかの見極めも重要だ。

　企業は必要である優秀な人材を確保するために高額な経費をかけて必死に採用活動をしている。しかし、企業が必要とする人材が確保できても、その人材の仕事に対する労働意欲が低ければどうしようもない結果になる。また、人材

に仕事に対する労働意欲があるならば、その労働意欲を企業は継続させることが必要である。

すなわち、企業は優秀な人材に対して責任を持って人材育成を行うことによって、これからの企業を支える人材を育成しなければならない。

3．人的資源管理とは

日本の大学のカリキュラムで、人的資源管理（HRM：human resources management）という科目名で設置されるようになったのは、1990年代半ば以降になってからであろう。それまでは、ほとんどの大学のカリキュラムでは、人事労務管理、人事管理、労務管理という科目名で設置されていた。

現在も、人的資源管理という科目名を使用しないで、人事労務管理、人事管理、労務管理という科目名で設置している大学も多数存在する。しかし、現在では昔のように、人事管理ではホワイトカラーを対象に、労務管理はブルーカラーを対象にと、厳密な区分は行われていない。すなわち、人的資源管理も人事労務管理も、ホワイトカラーとブルーカラー共に対象として含まれている。

人事労務管理は、そもそも、企業の経営資源のヒト（労働力）・モノ（生産手段）・カネ（資本）・情報（技術・技能）の4要素のうち、ヒト（労働力）を対象とする管理活動である。ここでの「管理」とは、自ら意思を持ち活動する人間を、企業目的の達成のために制御・統制することである。

では、人事労務管理と人的資源管理とは大きく異なるのかというとそうでもない。人事労務管理の場合は、人事に関する問題が中心であったが、人的資源管理の場合は、経営戦略としての人事マネジメントが含まれている。厳密には、まったく同じではないが、共通していることは、どちらも企業の経営資源のヒト（労働力）を取り扱っていることである。

ここでは、人的資源管理とは、いかにして組織内の人々を管理するかであると理解する。

ではなぜ、組織内の人々を管理しなければならないか。その理由は、個人目

的と組織目的が一致していないからである。組織内では、個人の考えに関係なく組織に所属していれば必ずやるべき仕事がある。組織は単なる人の集まりでなく、共通の目的を達成するために人が集まっている。組織の共通の目的を達成するためには、組織内の人々を管理しなければならないのである。

では、管理とは何かを考えてみることにする。管理とは、一定の協働目的を効果的、能率的に達成するために、協働体系そのものの維持発展をはかる機能であり、通常は協働体系一般ではなく、定型的に確立された組織体について語られる。すなわち管理の目的は、経営資源のヒト・モノ・カネ・情報の4つの資源を合理的に配分することによって、組織体の目的活動を円滑に推進させることである。

人的資源管理論とは、人事管理や労務管理の研究対象の拡大として、企業における経営戦略と人事管理と労務管理制度を含んだものであると言える。そもそも、人事管理や労務管理は職務に適した能力を持った人材をいかに効率的に的確な部署に配属させるかが重要な課題であった。しかし、人的資源管理では、経営を取り巻く環境条件の変化に適応できる、人材の能力開発に視点が置かれているのである。

4．人材と労働意欲

現実に、企業の採用担当者（人事関係）は、優秀であると判断した人材を採用している。しかし、現場からは、このような言葉を聞くことがある。私の部署に、「優秀な人材を回してくれないから、営業成績が悪い」とか、昔は「優秀な人材がいたから営業成績が良かった」とか、今は昔と違い「優秀な人材がいなかったからうまく仕事がいかなかった」などといったことである。

企業は、優秀な人材を獲得しても、その本人の能力が、その現場と合わない場合は、上司は、この新しく採用した人材には能力がないと評価する。実はここに、採用担当者と現場との人材に関する認識の違いによる大きな問題が隠されている。すなわち、採用担当者だけの判断で、企業に必要と考える優秀な人

材を獲得することに問題がある。

　優秀な人材を採用していれば、本来そのようなことは起こらないだろうと考えるのが一般的である。しかし、採用担当者による判断だけの人材採用では、企業にとって、最も必要とされている人材を採用できていない場合が多い。採用担当者による判断には、必ずしも現場の評価を得られず、現場からは、つかいものにならないと判断されているのである。

　人材採用は、採用担当者による判断のみならず、現場の意見の取り込みも重要である。採用担当者と現場との意見の食い違いを避けなければならない。

　企業にとって、最も重要な人材を採用するための採用計画を作成する場合、採用担当者と現場が、企業の将来のことを考えた人材を明確にすることである。もし、両者の話し合いによって採用した人材であれば、採用担当者と現場との大きな食い違いは発生しないであろう。

　企業にとって、最も採用したい優秀な人材とは、両者の話し合いによって採用した人材であり、その人材こそが、企業にとって優秀な人材である。

　企業が、いくら優秀な人材を採用して、十分な人材育成を行ったとしても、採用した人材が、企業のために頑張って働こうとしなければ、企業としては、逆に大きな損失をもたらす。

　最も大切なことは、人材が、その企業で頑張って働こうと意思決定をしてくれることである。採用した人材が、頑張って企業で働こうとするための労働意欲を持ってくれることが、企業とって必要になる。

　人材が進んで働こうと意思決定してくれれば、企業の目的達成のために、自発的、積極的に協力してくれる。しかし、人材が自ら働こうと意思決定してくれなければ、上司などからの指示がない限り自ら行動をしない。人材が積極的に動くのか、それとも指示待ちかの違いで、労働意欲に差異が生じ、それが企業に大きな影響を与える。

　企業にとっては、人材の積極的な協力を得ることが重要であり、個々人の意思決定が企業の目的達成のためには不可欠である。人材が企業のために働こうとする労働意欲は、企業の目的達成には重要となる。

5．雇用管理

　雇用管理とは、従業員の採用から退職に至るまでの一連の流れである。その流れは、一般的に、「採用」、「評価」、「報酬」、「配置」、「昇進」、「退職」などによって構成されている。以下で、それらについて少し詳しくみることとする。

(1) 採　用
　採用は、企業の中長期計画に基づいて策定された「要員」計画により、採用計画を決定する。人材を採用するには、まず自社の経営戦略に基づき「自社が欲しい人材」を明確にする必要がある。その上で、「新卒採用」、「中途採用」、「キャリア採用」など、それぞれの形態に合った採用戦略を立案し、採用を実施する。

①新卒採用
　新卒採用とは、正社員としての就業経験を持っていない、学校を卒業したばかりの学生を採用することを言う。新卒採用と中途採用とは大きな違いがあり、仕事への適性・素養を見極める採用が主となっている。企業のメリットとしては、働き手の職業観を一から育てることができ、定着率を高め、企業理念を浸透させやすく、中途採用やキャリア採用と異なり、人件費も比較的安く済むことが挙げられる。

②中途採用
　中途採用とは、企業が不定期に行う人材採用のことを言う。企業では経営環境の変化に対応して、既存事業の拡大や、新規事業への進出など、企業の経営戦略に合わせた人材を採用する必要が生まれる。そうした柔軟な採用を行うために、採用の時期を定めずに、必要に応じた求人募集を行うのが中途採用の目的とされている。また企業の中では退職などによる欠員も発生し、その欠員を補うための理由から中途採用が実施されている。

③キャリア採用

　キャリア採用とは、企業が行う人材採用において、求める職種や職務内容に対して一定の経験、知識を持った人材を採用することである。

　それらに対応した柔軟な採用を行うために必要に応じた求人募集を行い、広く優秀な人材を採用するのがキャリア採用の目的である。

(2) 評　価

　評価とは、一般的には人事評価のことを示す。人事評価は、社員の給与や賞与などの処遇に反映され、時には人材育成のツールとしても利用される。人事評価を行う際は、適切な評価項目を設定し、項目に則った評価をする必要がある。成果や業績に関する「業績考課」、知識や能力に関する「能力効果」、行動や態度に関する「情意効果」という各考課の総合評価が、最終的な人事評価となる。

①業績考課

　業績考課は、一定期間内の目的達成度やその過程と活動を評価することである。時には、成績考課とも呼ばれる。人事評価では一般的に、次年度の目標などの項目を設定し、その年度末に人事面談を実施して、1年間でどの程度目標を達成できたかを聞きながら評価する。また、実績は数値として表せるため容易に判断できるが、目標を達成するまでの過程や活動については、客観的に評価することが難しいとう特徴がある。目標達成に至る過程を判断するには、評価者の意見だけではなく、普段一緒に業務を行っている同僚や上司の意見も参考にし、公平な評価を行わなければならない。また、企業によっては、第三者（取引先の担当者）の意見も取り入れたりもしている。

②能力考課

　能力考課は、職務を通して身に付けた能力を評価する。難易度の高い仕事の達成度や、緊急時や突発時の対応の方法・結果が、能力考課の評価ポイントとなる。例えば、誰が担当しても容易に成績を上げられる職務で結果を出したと

しても、能力考課では高く評価されない。つまり、能力考課は「職能要件に照らして」評価を行う。評価者が置かれている立場や作業内容により、必要とされる能力は異なる。客観的な評価を行うためには、社内で職能に対する規定をしっかりと定め、規定に則した評価を行うことが重要である。

③情意考課

　情意考課は、行動考課や執務態度考課とも呼ばれる。業績考課や能力考課と比較し、一番主観の入りやすい評価項目である。ただし、「情意」とは、本人しか分からない感情を評価するわけではない。当人の勤務態度や職務に対する意欲は、必ず行動結果となって現れる。遅刻や早退などの勤怠はもちろん、職場のモラルに関する規律性や協調性など、職務を遂行するときの行動・態度を評価することが情意考課である。上司だけではなく、普段行動を共にすることが多い同僚や部下、職務に関わるあらゆる立場の人から評価を集めた方が、より正確な評価が下せるであろう。

(3) 報　酬

　報酬とは、会社が求める成果と行動を社員に促し、その行動の発揮度や貢献に対して報いることで、人件費を戦略的に配分していくための仕組みとされている。また、従業員が受け取る報酬には、内的報酬と外的報酬がある。

　内的報酬とは、やりがいとか信頼とか成長とか自分から何かを得る事であり、自分の心の中で満足できるものである。例えば、仕事を成し遂げたときに感じることのできる達成感や満足のことである。これらは、基本的には非金銭的報酬である。

　外的報酬とは、給料とか評価とか出世とか、外から何かを得られる事であり、給料やボーナスといった金銭的報酬と、昇進や昇格、社内で表彰されるといった非金銭的報酬がある。

　自分自身が成長することを目標にして働いている人は、内的報酬をモチベーションとし、逆に、給料を上げることを目標にして働いている人は、外的報酬をモチベーションとしている。

外的報酬は、企業において整備されている報酬である。しかし、内的報酬は十分に整備さておらず、従業員が内的報酬を得ることができるような環境の整備が進められている。すなわち、内的報酬と外的報酬は、従業員にとって仕事のモチベーションを上げるのに必要な報酬である。

最近、成果主義という言葉をよく耳にするようになった。成果主義とは、仕事の成果に応じて給与やボーナス、さらには昇格を決定する人事方針のことである。それは従業員が仕事で成果をあげれば給与アップや昇格が約束され、逆に、成果をあげられなかった従業員は、給与の現状維持もしくは給与ダウンとなる。しかし、日本企業は長いこと「年功序列」で社員を評価する方法を導入していた関係から、成果主義という制度は日本の企業風土にはそぐわないという意見もある。

(4) 配　置

人材を、その能力や適性によって、適切な部署に配属し、労働力を効率的かつ有効に活用するための手段が、配置である。配置は、その仕事内容を分析する職務分析を行い、また本人の適性検査を実施したうえで、体系的に行う必要がある。

配置転換は、いわゆる他の業務への配置換えで、偏らない業務知識を持った万能型人材の育成、モチベーションの向上、長期間同じ職務をすることによる不正防止を目的として実施される。専門家型の人材育成のためには、他の支社への同種の職務への配置転換等の配慮も必要である。

また、適材適所に人材を配置するには、個々の業務の把握はもちろん、人材のスキルや適正の把握も必要不可欠である。重要なことは、企業戦略とも照らし合わせ、どの人材をいつ異動させるかを、戦略的に考え、人材の配置を行うことである。

(5) 昇　進

昇進は、人材のモチベーション向上のために必要である。また、昇進を決定

するためには、人材の適切な評価を実施するための評価制度を導入し適切な評価を行う必要がある。そのためには、人材の能力と志向と適正を正しく把握しておく必要がある。

また、人材の評価を行う評価制度自体も、定期的に見直しを行い、昇進の要件が現状の職場環境に合致し、その制度は本当に明確になっているかを確認することも重要とされる。さらに、公平性を考えた場合、昇進のための要件の公開が必要である。公平性のない昇進は、モチベーションの低下や昇進鬱といった問題を巻き起こす場合もある。

昇進以外でも、定期的に実施される配置転換は、会社の人材の職務を、ある一定期間ごとに変えることである。ただし、配置転換は水平異動であるが、昇進は垂直異動であることを理解しておく必要がある。

この配置転換制度は、日本の人事制度としてはかなり定着している。しかし、違った考え方もあり、適材適所の人事の考え方の立場からは、すでに人材は最適の職務に就いているのだから、逆に配置転換することは、企業にとってはマイナスになると考える立場が欧米などでは取られている。

ただ、日本で行われている配置転換は、人材育成の観点と、仕事のマンネリ化によるモチベーションの低下と、ある一定の仕事に対する緊張感を持たせることに重点を置いていると考えられる。また、終身雇用制を導入している企業では、人材は狭い範囲でなくできる限り広く仕事ができることを期待している点もある。

また、配置転換に関連する労務トラブルも頻繁に発生しているのも事実である。配置転換は、そもそも、本人の前向きな姿勢がなければ、なかなか成功しないのも現実である。そのためには、配置転換の前に、人事担当者と本人の話し合いを十分に行い、意思の疎通を図りながら、さらには本人の希望を聞き入れながら、配置転換を進めることが重要である。

(6) 退　職

退職には、定年退職と中途退職がある。定年退職とは、労働者が一定の年齢（会

社が定める定年年齢）に達すると自動的に雇用関係が終了する制度である。中途退職とは、労働者が一定の年齢（会社が定める定年年齢）に達する前に、自己または他の理由で雇用関係を終了させることである。しかし、2006年4月、改正高年齢者雇用安定法が施行され、雇用確保のための65歳までの定年延長、希望者全員の継続雇用制度、定年の定めの廃止の3つのどれかを選択することが規程されている。

　定年延長とは、現状60歳で定年を迎えるものを65歳まで伸ばすことである。この制度は、年金の支給開始が65歳になっていくのに伴って導入されている。

　継続雇用制度とは、事業者が雇用している高年齢者を、希望に応じて定年後も引き続いて雇用する制度であり、定年到達後も退職の形をとらず継続して雇用する「勤務延長制度」と、退職後再び雇用する「再雇用制度」がある。ただし、継続雇用制度を導入する企業は対象となる高年齢者に関する基準を労使協定で定めれば、希望者全員を対象としなくてもよいとされている。

　定年の定めの廃止とは、言葉の通り、定年を迎える年齢が定められていない制度である。

　最後に、早期退職優遇制度について説明すると、早期退職優遇制度はポスト不足や賃金総額の高騰を抑えるため、40から50歳代の者に対し、退職金の割増支給や1年間の退職猶予期間を設ける等の一定の条件を提示して退職を選択させる制度である。ただし、退職勧奨ではなく、退職か勤務を続けるかは本人の自由選択とされている。

6. 能力開発の諸制度

　人材の能力開発は、企業にとって重要な経営課題である。それには、個々の従業員の職務遂行能力を向上させるための知識・スキルの習得がある。また、人材に様々な職務の経験を積ませ、望ましいキャリア形成に導くことも重要である。企業の成長・発展のためには、人材を戦略的・計画的に育成しなければならず、企業が必要とする人材を育成するためには、採用から人材を対象とし

た能力開発が必要である。

　OJTとは、日々の業務遂行を通して能力を高めていく職場内教育のことである。また、ジョブ・ローテーションとは、OJTの一環として行われ、従業員に多くの仕事を経験させるために人材育成計画に基づいて定期的に職務の異動を行うことである。

　能力開発制度は、OJTを基本にOff JT（階層別研修、職能別研修などの集合研修）と自己啓発（自己啓発セミナー、各種通信教育講座）で構成されているのが一般的である。

　能力開発の方法論として、「OJT：日常の業務遂行の中での能力開発」、「OFF-JT：職場を離れての集合研修」、「自己啓発」の3つについてみてみる。

(1) OJT

　OJTとは、on-the-job trainingの略であり、職場にいる従業員を職務遂行の過程で訓練することである。職場訓練、職場指導、職務上指導などともいう。能力開発制度としては、集合教育OFF-JTと対照される。OJTは、集合教育では基本的、一般的事項しか訓練できないとの反省から生まれた方法で、職場の上司や先輩が指導、助言を与える形で訓練が行われる。やや定型化したものとしては、新従業員各人に特定の先輩従業員を割り当て、新従業員の訓練を行うものがある。OJTは一般的には作業職についてなされるが、管理職や専門職にも適用可能である。

　長所として、一般的には、指導機会が日常的に得られる、反復指導が可能である、直接的な費用を必要とせず、適切な支援も行いやすい。短所として、一般的には、指導者の時間的な負担が大きい、指導者の資質・能力・態度などによる効果で左右される、管理監督者が指導方法を習得していなければならない。

(2) OFF-JT

　OFF-JTとは、off-the-job trainingの略であり、職場外で行われる教育訓練のことを示す。特に集合研修、講習会、通信教育等、日常の業務を離れて行う

教育訓練のことである。それは、現場の状況に左右されない、均一な知識習得の機会を提供する意味で非常に効果的な取り組みとされている。しかし、せっかく取得してきた知識であるが、現場での活用・応用に関しては、効果的に利用されない場合もしばしばある。したがって、OJT、OFF-JT、自己啓発の3つの視点で複合的に教育訓練行うことが効果的である。

　長所として、一般的に、特定領域で体系的に習得、専門的な知識を習得、職場を離れるので研修に専念、効果的な研修内容を組める、指導力のある講師での研修、多くの従業員が効率的に研修を受けられる。短所として、一般的に、研修内容が実際の業務に対応していない、研修期間内は職場を離れるので職場への負担がある、研修費用が高くつく。

(3) 自己啓発

　自己啓発とは、仕事に関する知識、技能、経験などを他律的な形式に支配されずに自主的に向上、啓発していくことである。それは、潜在的な能力を啓発し、新たな技能、知識を身につけようとする性質は本来人間にあるものと仮定し、自分から進んでこれを実現しようとする姿勢を援助し、従業員の意欲を高め、さらに仕事の遂行能力を高めることを意識した制度である。その方法としては、自己研鑽、教育研修、能力開発研修、自己申告制などがある。

7．4つの人間モデル

　経営学で労働者の管理が必要と考えられてから100年以上になるが、経営者が、労働者の人間観をどの様に理解してきたのかを歴史的な観点からみてみる。特に、その歴史の中で、働く際の人の動機・欲求と、それに基づく人材活用の捉え方が変遷している。その変遷過程で、4つの人間モデルが存在していたと捉えたのが、シャインである。

　シャインは、経営学における人間モデルの変遷を、「経済人モデル」「社会人モデル」「自己実現人モデル」「複雑人モデル」の4つに類型している。

その中でも、「複雑人モデル」とは、シャインの提唱したモデルで、人々の欲求の多様性と同じく、人間の中にある欲求の重層性を前提に人間を捉える考え方である。

　「複雑人モデル」を提唱したシャインは、単純に「経済的」「社会的」「自己実現的」と考えただけでは、人の動機づけは難しいとしている。また、シャインは、人の動機づけを理解する方法として、「キャリア・アンカー」の考え方を示した。それには、①能力・才能（できること）、②欲求・欲望（やりたいこと）、③価値観（意義や幸福感を感じられること）の3つの要素があるとして、人の動機づけに大きな影響力を持っているとしている。

　さらに、シャインは、8つの領域である、①専門・職種別コンピタンス（専門性・技術・知識などに価値を置き、それらを発揮することを重要視する）、②全般管理コンピタンス（管理的業務に価値を置き、マネジメントや責任のある立場を重要視する）、③自律と独立（自由や独立に価値を置き、組織を離れた自律的活動を重要視する）、④保障や安定（安全性や確実性に価値を置き、リスクを最小限にすることを重要視する）、⑤起業家的創造性（創造することに価値を置き、新しいアイディア・商品・しくみを作ることを重要視する）、⑥奉仕や社会貢献（人の役に立つ、社会に貢献することに価値を置き、重要視する）、⑦純粋な挑戦（困難に立ち向かう、チャレンジそのものに価値を置き、重要視する）、⑧生活様式（家庭・家族・ライフスタイルを保つことに価値を置き、重要視する）があると提唱している。

　この8つの領域で、最も大切にしたいものはどれか。また、反対に、それほど重要視していないものはどれか。重要視することと、重要視しないことの両面から考えることで、自分のキャリア・アンカーを探ることができると述べている。

　シャインは、キャリアを複雑かつ総合的で変化に富むものと考え、そのようなキャリアを読み説き、自己が納得してキャリアをデザインするための概念として、複雑人モデルを提唱した。

参考文献

スコフィールド素子訳『ハーバード流人的資源管理「入門」』ファーストプレス出版、2007年。
守島基博著『人材マネジメント入門』日経文庫、2004年。
高木晴夫著『人的資源マネジメント戦略』有斐閣、2004年。
白木三秀編著『新版 人的資源管理の基本 第2版』文眞堂、2013年。
原田順子・奥林康司編著『人的資源管理（放送大学大学院教材）』NHK出版、2014年。
二神恭一編著『企業と人材・人的資源管理』八千代出版、2000年。
金井壽宏著『働くみんなのモティベーション論』NTT出版、2006年。
二村敏子、三善勝代訳『キャリア・ダイナミクス』白桃書房、1991年。
金井壽宏訳『キャリア・アンカー 自分の本当の価値を発見しよう』白桃書房、2003年。

第13講　キャリアデザイン

1. キャリアとは

　キャリアデザインについて語る前に、"キャリア"という言葉について確認しておきたい。というのも、梅澤（2001）の指摘によると、元々わが国には"キャリア"という用語に相当する捉え方や概念がなく、キャリアの研究者たちもその概念を説明する上で、多義性を認めている言葉だからである。
　広辞苑によると、①（職業・生涯の）経歴、②専門的技能を要する職業についていること、③国家公務員Ⅰ種（上級甲）合格者で、本庁に採用されている者の俗称、と書かれている。例えば、キャリア官僚といったときのキャリアは、③であり、医師としてのキャリアなどというときには②にあたる。
　本書で扱うキャリアとしての意味は、①となる。この場合でも職業の経歴（ワークキャリア）と、生涯の経歴（ライフキャリア）の2つがある。社会人経験が一定年数ある人たちの間で、時々（主に、初対面同士の場合に見られる）それまでのキャリアを問われることがある。その場合は質問している側も答える側も"キャリア"を職業の経歴として使用していることが分かり、「キャリア＝職業の経歴」になる。
　では、生涯の経歴とは何を指すのだろうか。キャリア発達の研究者D.E.スーパーはキャリア発達を"役割"と"時間"の視点で捉え、それぞれの概念を取り込んだ「ライフ・キャリア・レインボー」と呼ばれる図13-1で表した。この図によると、人はこの世に生まれた瞬間から子どもという役割を持ち、成長して幼稚園や学校に通うようになる。それらの過程を卒業し、やがて働くよう

になれば労働者としての役割を持ち、いずれ夫や妻として、また親として家庭人の役割を持つなど、人はいくつもの役割を同時に経験している。また、それぞれの役割において色が濃く描かれている部分は、その時期における役割の大きさを示す。人生における役割の種類にも多少個体差があるが、そこに費やされる時間や役割の大きさにはかなりの違いが出てくる。スーパーはこれらの役割の連なりや積み重ねが"キャリア"であると述べている。

図13-1　ライフ・キャリア・レインボー

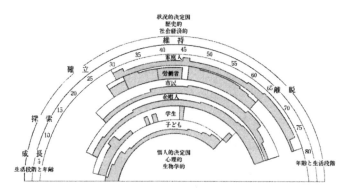

出所：Super, Savickas & Super 1996:127を改変／菊池2012

スーパーに類似するところもあるが、併せてD.T.ホールの定義も紹介しておきたい。ホールは"キャリア"について、成功や失敗を意味するものではなく、昇進の早さ（または遅さ）を意味するものでもないとしている。また、キャリアにおける成功や失敗はキャリアを歩む本人によって評価されるものであって、他者からの評価でないと述べている。そして、キャリアはプロセスであり、仕事[1]に関する経験の連続であると定義している。

そこで、本講で使用する"キャリア"の意味は「人生全般の経験の連なり」や「人生における役割や経験の積み重ね」といった生涯の経歴（職業の経歴も包括する）として使用する。

2. キャリア開発からキャリアデザインへ

　キャリア開発とは、組織が長期的かつ体系的な視点で、個人のキャリア形成をしていくための環境を整備する考え方である。入社以降の個人のキャリアについて、能力を開発していくための研修制度やプログラムを作ったり、適性を見たり希望を聞いたりしながら、配置転換していくことなどがそれにあたる。
　キャリア開発が組織で大きく取り上げられるようになったのは、バブル経済崩壊後に雇用形態も多様化[2]し、それに伴い組織と個人の関係も大きく変化していった。それまでの終身雇用が崩れ、個人の自律性と自立性（自己責任に基づく個人主導）によるキャリア開発へと変化してきたのである。
　そのキャリア開発に近い考え方として、キャリアデザインがある。デザインには下絵、素描、図案といった意味があるから、"キャリアデザイン"となると自分の人生の下絵や図案を考えて描いていくことといえる。但し、描いたものは下絵や図案であって、決して完成形ではないから、一度決めたら終わりではなく、何度でも描き直すことができるし、描き直す必要がある。すなわち、生活、価値観に変化が起こった時や節目にそのつど考えながら、自身にとってより良い道を選んでいけば良いのである。ホールの定義を借りれば、そこには他者から評価される成功や失敗、早い遅いはないのだから、キャリアを歩む自分自身が納得して選んでいけば良いし、日々生活をしていく中で他者と関わりを持ちながら、様々な刺激を受け、互いを必要としながら学び合い、その学びを継続していくことで、他の誰でもない自分自身が理想とする、最終的に納得できる人生に近づけていけば良いということになる。
　キャリア開発は組織内において、組織主導で個人のキャリア形成が行われることが多いが、キャリアデザインは組織内だけにとどまらず、再就職や退職後といった、まさに人生におけるキャリア形成であることから、個人が主体となって、組織もそれに協力しながら行う必要があるため、働く者だけでなく、経営者や役職者にとっても重要な発想であることを忘れてはならない。

3. キャリア理論とその適用

　キャリアの語源を遡ると、ラテン語の carrus(馬車のような車輪の付いた乗り物)が、後にイタリア語の carriera やフランス語の carriere（レースコースを意味する言葉）になり、その後 16 世紀にイギリスで「フルスピードで馬を走らせて駆ける」の意味を持つようになる一方で、「太陽の通り道」という意味でも用いられるようになったと言われている。このように、キャリアという単語の歴史は長いが、現在の意味として研究されるようになったのは 1950 年代であり、100 年にも満たない。

(1) ドナルド . E. スーパー（1910-1994）の理論

　キャリアに関する先駆的な研究者は前節にも登場した D.E. スーパーで、彼の理論のポイントは『自己概念』にある。これは、自身の主観で形成してきた「主観的自己」と、他者からの意見や指摘によって形成してきた「客観的自己」を統合していくことで、自分の興味、能力、価値観について知ることができ、『自己概念』として形成されるというものである。

　その後、生涯を通して個人が踏んでいくキャリアの段階（図 13-1 における成長・探索・確立・維持・離脱の 5 段階）や、その中のある時点において果たすキャリアの役割（子ども・学生・余暇人・市民・労働者・家庭人とその他[3]の 7 つの役割）とその場面について、そして、個人のキャリア選択につながる内的・外的な力について取り上げている。

　図 13-2 は、キャリアの研究者になっていなければ建築家になりたかったという彼が考えたキャリアを支える 2 本の柱で、左の柱は個人の内的要因であるパーソナリティ（興味、能力、価値観、適性、欲求など）を表し、右の柱は個人では変えることのできない外的な社会要因（経済情勢や社会環境など）を表し、「キャリアは内的な個人特性と外的な社会特性によって支えられている」すなわち、キャリアを決定していく上では個人の内面と、自分をとりまく社会環境

などの外面のバランスを取ることで、アーチとなるキャリアを支えることを表している。

図 13-2　キャリア決定のアーチ

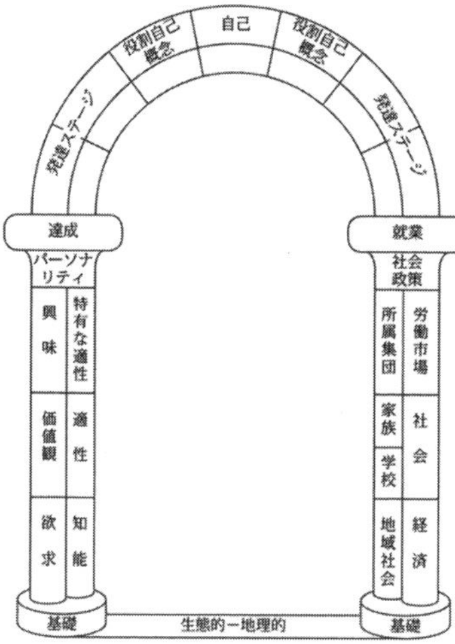

（アーチ図：左柱上から「達成」「パーソナリティ」「興味」「特有な適性」「価値観」「適性」「欲求」「知能」「基礎」、右柱上から「就業」「社会政策」「労働市場」「所属集団」「社会」「家族」「学校」「経済」「地域社会」「基礎」、アーチ部分左から「発達ステージ」「役割自己概念」「自己」「役割自己概念」「発達ステージ」、土台部分「生態的－地理的」）

出所：国家資格キャリアコンサルタント養成講座 Text3 2016 より再引用。

彼の理論を組織内で適用するとしたら、個人の特性に関連した仕事に配置するとともに、本人にも「最も良い働きをするには、自分の興味や能力を仕事に活かしつつ、自身が持つ価値観を仕事の中で達成させたときである」という考えを認識させることや、人生の段階においてはそれぞれの異なる役割や課題があり、事前にその準備の必要があるという考え方を習得させておくなどがある。

(2) エドガー．H. シャイン（1928-　）の理論

E.H. シャインは組織心理学という分野を開拓したことでも知られるが、彼のキャリアに関する理論の特徴は"組織と個人の相互作用"という視点から構築されている点である。

シャインは人が生きる上で存在する役割を「生物学的・社会的」「家族」「仕

事・キャリア」の3つに分けたサイクルが相互に影響し合っていると考えた。例えば、転勤のタイミングで親の介護をすることになり、転職せざるを得なくなったという話は、子どもとしての役割（生物学的・社会的サイクル）で家族のため（家族サイクル）に、仕事の環境を変えなければならない（仕事・キャリアサイクル）が相互に影響しているといえる。

　また、彼は"キャリア"を客観的な側面である「外的キャリア」（履歴書などに表される仕事内容や実績、地位等）と主観的な側面である「内的キャリア」（経験的事実の内側にある仕事への個人的な動機や意味づけ等の心理的状態）の2つの軸から捉えている。

　このうち、外的キャリアを3次元モデルで表したものが図13-3の「キャリア・コーン（組織の3次元モデル）」である。

図13-3　組織の三次元モデル（キャリア・コーン）

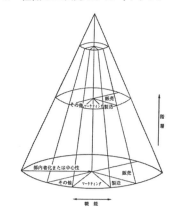

出所：E.H.Shein 1978『キャリア・ダイナミクス』筆者一部加筆。

　まず、①組織の垂直方向は階層次元にあたり、キャリアの成長（一般社員の階層→管理職→経営層へと上昇）を示す。次に、②水平方向が職能次元を示し、初期段階ではジョブローテーションとして（例えば、製造→販売→マーケティングと）異動することもあるが、③次第に特定の部署で中心性（部署内でのリーダー）を高めた後、職位を上げていくといったキャリアが考えられる。

また、内的キャリアの段階的発達を表すものとして、加齢に伴う変化の類似性を9つの段階に区分し「キャリア・サイクル」としてまとめた。また、個人は外的キャリア同様に、仕事の経験や教育を積む中で、内的キャリアも進展させていくが、それは8つ（自律・独立／起業家的創造性／専門・職能的コンピタンス／保障・安全／全般管理コンピタンス／奉仕・社会貢献／純粋な挑戦／生活様式）にパターン化されることを見出し、個人のキャリアの基軸（船をつなぎとめる錨）の意味で「キャリア・アンカー」と名付けた。このキャリア・アンカーは自己イメージで、変化することもあり得るが、人生経験を積むことで安定してくると考えられている。

次に、明確になった自身のキャリア・アンカーと与えられた仕事がうまくマッチングするかを知るために、職務や役割の分析・プランニングをし、現実的に実現していくことを「キャリア・サバイバル」という概念で示している。

これらは社会経験のない者には不向きだが、組織内で適用する場合は、まず個人の基軸となるキャリア・アンカーを見出し、もう一方でキャリア・サバイバルによって周囲のメンバーからの期待を明確にしていくことで、自分自身と組織とのニーズの調和を高めていくことができる。但し、キャリア・アンカーと特定の職業が一対一には対応しないことに注意しなければならない。例えば、自動車メーカーの技術者で、ある人は自分の得意とする専門分野で満足感を得る"専門・職能的コンピタンス"というキャリア・アンカーで、またある人は自分のつくる自動車で世の中をより良くしたいという欲求による"奉仕・社会貢献"というキャリア・アンカーを持っている場合がある。だからこそ、個々人の内的キャリアも同時に考慮すべきである。

(3) ジョン.L.ホランド（1919-2008）

ホランドはVocational Preference Inventory（日本版：VPI職業興味検査）等の開発、その基となる人の基本的性格を6つのタイプに分け、六角形で表すホランド・タイプで有名である。

ホランドによる性格タイプの頭文字

タイプ	特徴
R：現実的	道具や機械、動物などを扱うこと、組立や修理などの職業を好む。実践的で地に足がついているタイプ
I：研究的	数学や生物・科学などの分野、調査や医学系の職業を好む。好奇心旺盛で、学究肌。自立的なタイプ
A：芸術的	言語や美術、音楽、演劇など創造的な才能を活かせる職業を好む。発想が自由で創造的、慣例にとらわれないタイプ
S：社会的	人に教育することや援助、支援するなどの職業を好む。友好的で、人の助けになろうとするタイプ
E：企業的	リーダーになること、説得することなどに関する職業を好む。外交的で野心があり、自分に自信のあるタイプ
C：慣習的	情報を秩序立てて整理する、コンピュータ操作などの職業を好む。計画的で責任感があり、信頼できるタイプ

　また、ホランドは「人はこの 6 つの中から、3 つのタイプ（どれか 1 つが強く、残りの 2 つはあまり強くない）を組み合わせて表すことができる」と述べており、それをスリー・レター・コード[4]と呼ぶ。

　ホランドのキャリア選択理論には、「個人の興味や関心事はそれまで個人が自身の生活の中で経験したことに起因する部分が非常に大きい」という考え方がある。子どもの頃、自分の周りにいる大人や年長者の行動や、身の周りの文化や伝統に触れる。また、育つ過程で人よりも良い成果を上げた活動が褒められ、プラスに強化されて、その活動に興味を持ち、さらに上達させようとすることで能力が高まる。その興味や能力に関連する価値観が 18 歳くらいから 30 歳くらいにかけて発達するということである。また、このような過程を経て、人はそれぞれに独自のスリー・レター・コードを持つようになるという。

　スリー・レター・コードに示されたものは、自分の"興味のあるもの"や"できそうなもの（能力）"かつ"価値観を満たそうとするもの"である。つまり、人は自分のスリー・レター・コードに関連した活動をしようとすることである。

　組織で適用する際には、仕事に満足していないと思われる社員やキャリアを変えたいと考えている社員に対して、「VPI 職業興味検査」等を実施することや、

その結果を参考にしながら、可能な限り本人の興味や能力に合った配置転換を試みるとよい。また、仕事の生産性が落ちたり不満を感じていたりする社員に対しても検査結果を見ながら理由を探る方法が考えられる。

4. これからのキャリアデザイン

　時代の変化とともにキャリアも変化してきた中で、組織や個人はどのように対応していかなければならないのだろうか。
　1.にも挙げたホールは、産業社会における構造的変化により、キャリア形成もかつての安定した雇用からなる"組織内キャリア(組織と個人による過去の契約)"から、より短期的で成果に基づく"プロティアン・キャリア[5](自己との契約)"へと変化したと述べている。彼はシャインと同じく組織心理学をベースにしながらも、キャリアの主観的側面(シャインのいうところの内的キャリア)に注目しており、「プロティアン・キャリアは組織の中よりもむしろ個人によって形成されるものであり、時代とともに個人の必要なものに見合うように変更されるものである」という。そのため、個人は自分自身の中にある"ぶれない軸(アイデンティティ)"を持つことと、外部環境からの要求に反応したり影響を及ぼしたりするための学習とその継続、アイデンティティの探索、行動とアイデンティティの統合をしていくとともに、それらを発達させたり応用させたりする意思(アダプタビリティ)が必要であると定義している。一方で、個人のキャリア形成を促進する(学習に大きな影響を与える)うえで、ともに働く人々との人間関係に着目している。我々のキャリアは、まさに周囲の人との関係性のネットワークの中で、互いに影響を与え合いながら構築されているといえよう。
　これからのキャリアデザインにおいて組織に必要とされる役割とは、良質な人間関係が相互のキャリア発達を促進するという視点で捉え、組織に属する人々のキャリア発達に必要な人間関係を取り持ったり促進させたりすることで互いに学ぶ場や機会を提供することにあるだろう。
　ここに掲載した研究者らはほんの一部に過ぎない。紹介した理論や背景も割

愛した部分が多く、他にも組織や個人に適用できる理論が数多い。また、時代の変化によって、キャリアの持つ意味は大きく変化する。より詳細を理解するためにも、参考文献や関連書籍もぜひ読んでおくとよい。

注
1) この場合の仕事とは、職業の意味ではなく（給与のあるなしに関わらず）、する事、すべき事。
2) 経済のグローバル化に伴う内外の企業間競争の激化、また労働者の働き方に対するニーズの多様化などを理由に、それまで雇用の中核をなしてきた正規社員の他に、非正規社員と呼ばれる契約社員、嘱託社員、派遣労働者や請負労働者、パート・アルバイトなど、1つの職場に様々な形態で雇用されている労働者が働くようになった。
3) 図13-1には表されていないが、例えば年金受給者や病にある者、宗教者などがそれにあたる
4) 例）ある人が興味と能力を調べたところSEC（ホランドによる性格タイプの頭文字）という3つのコードが出た場合、この人の最も重要な興味や能力はSで人に教えることや支援する分野にある。友好的で人の助けになろうとする。2番目に重要なのは…という読み方をする。
5) プロティアン・キャリアのプロティアンとは、ギリシャの神プロテウスから取られたもので、自分の意思で自由に自分の形を変えることができる、また何にでも変化させることができることから名付けられた。

参考文献
Douglas T.Hal, *Careers In and Out of Organization*, SAGE Publications, 2002.
Douglas T.Hall 著、飯塚彩 訳『プロティアン・キャリアー生涯を通じて生き続けるキャリア』プロセス・コンサルテーション、2015年。
Edgar. H.Schein著、二村敏子・三善勝代 訳『キャリア・ダイナミクス』白桃書房、1991年。
Harris-Bowlsbey,J. 著『国家資格キャリアコンサルタント養成講座 Text3 キャリアカウンセリングに関する理論』日本マンパワー、2016年。
菊池武剋 著「キャリア教育とは何か」日本キャリア教育学会編『キャリア教育概説』東洋館出版社、2008年。
新村出編『広辞苑 第六版』岩波書店、2008年。
仙崎武・下村英雄 編訳『D.E. スーパーの生涯と理論』図書文化、2013年。
梅澤正『シリーズ職業とライフスタイル5 職業とキャリアー人生の豊かさとはー』学文社。
渡辺三枝子 編著『新版キャリアの心理学』ナカニシヤ出版、2007年。

第14講　企業とキャッシュ・フロー

1. 「儲け」とキャッシュ・フロー

　企業の形態はいろいろあるがそれを一般化して捉えるならば、企業の存在意義とは何であろうか？言い方を変えると、企業の目的は何であるのか？それはズバリ「儲けること」である。では企業が儲けているかどうかは、どうやって分かるのだろうか。そもそも儲けるとはどういうことなのか。それについての一つの答えは、企業の決算書を理解することにある。決算書を理解するということは、会計学の一つの役割を理解することでもある。
　本講のテーマは、企業の「儲け」を理解するために会計学の考え方を通じて決算書について学ぶこと、および企業の決算書はキャッシュ・フロー[1]とどのように関係するのかについて理解すること、つまりは企業の「儲け」とキャッシュ・フローの関係性についてのイメージを構築することにある。

2. 儲けとは何か

　企業の目的は儲けることであるが、儲けるとはどういうことなのか。儲けは、会計学的視点において、利益という。では、利益はどうやって生み出されるのか。それは企業が資本を元手（これを元にしてという意味）に企業活動を行って利益を生み出すのである。つまり、企業がお金を生み出すために経済活動を行った結果、生み出されたものが利益である。ざっくり言うと、企業が行う経済活動によって生み出された（あるいは生み出される）利益は、新たなお金なのであ

る。そのため企業が行う経済活動とは、元手のお金を新たなお金を生み出す可能性のあるモノに変え、それらを運用することによって新たにお金を生み出す活動であるといえる。つまり、企業が行う経済活動とはお金を運用して新たなお金を生み出すという流れにおいて、キャッシュ・フロー活動なのである。

　企業が行うキャッシュ・フロー活動は、以下の通り行われる。

$$①お金 → モノ → ②お金^{2)}$$
$$①<②$$
$$つまり、②-①=利益$$

3. 決算書とは何か

　会計の一つの目的として「決算書を作成すること」が挙げられるが、そもそも決算書とは何であるのか。結論から述べると、決算書は、企業の決算時点における活動状況を表す書類である。決算時点とは、ある一定の期間（これを会計期間といい、その典型が1年間である）の最後の日を指す。その最後の日時点における企業の活動状況が示されている書類は、株主に、そして税務署等に提出される。すなわち、決算書とは言わば、決算時点での企業の成績表なのだ。その部分についてもう少し掘り下げてみよう。決算書を会計用語では、財務諸表という。財務諸表は、企業の財務状況に関する幾つかの財務表の集まりということである。財務表とは、企業の財務状況、言うなれば企業のキャッシュをどのように管理しているかを示す表ということである。管理を示すということは、企業のキャッシュに関する活動状況、つまり企業がどのようにキャッシュを集めてきて（調達という）、それをどのように使っているのか（運用という）をしっかり記録に残して、それを関心のある人々に伝えるということである。すなわち、財務諸表は、企業のキャッシュの流れの管理状況を示す幾つかの表、つまりは企業のキャッシュ・フロー活動状況を示す幾つかの表なのである。

ここで財務諸表のイメージをつかみ易くするために、会計についてのお約束について触れる。それは、「企業活動を2面で捉える」ことである。真ん中から左側と右側の2つに分けて、キャッシュの動きを見るのである。もう一つは、「左側の（合計）金額＝右側の（合計）金額」ということである。

例えば、

　　（左側）キャッシュが増えた　　＝　（右側）どういう理由でキャッシュが
　　　　　　　　　　　　　　　　　　　　　　　増えたのか
　　（左側）どのようにキャッシュを　＝　（右側）キャッシュが減った
　　　　　運用しているのか

といった具合である。

つまり一方でキャッシュの増減(結果)が示されるのに対して他方でキャッシュの増減に関する原因が示される。この作業を仕訳（しわけ）という。企業の活動すべては、仕訳というフィルターを通じて2面のキャッシュ・フロー活動に分けられるのである。企業の活動を仕訳で示した後で表にまとめたものが財務諸表ということになる。そのイメージは、図14-1の通りである。

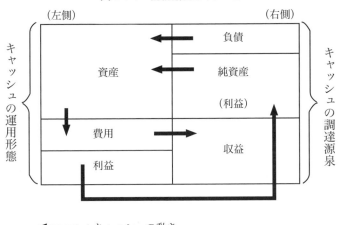

図14-1　財務諸表のイメージ

財務諸表はキャッシュの性質を、資産、負債、純資産、収益、および費用の5つのグループに分けて構成する（当期純利益は1つの項目であり、グループではない）。これらのグループも、キャッシュ・フローの観点で捉えると、（右側）キャッシュをどのように調達してきたのか（調達源泉）と（左側）キャッシュをどのように運用しているのか(運用形態)の2面の動きを示しているのである。

4. 企業のキャッシュ・フロー活動

企業が行うキャッシュ・フロー活動について簡単な例題を通して見ていこう。

例題
① 社長（株主）からの出資金100を元手に事業をスタートした。
② 銀行より現金100を借り入れた。
③ 商品を売りに行くために必要な自動車50を購入し、代金は現金で支払った。
④ 商品150を購入し、代金のうち100は現金で支払い、50は後払いとした。
⑤ 商品150を300で売り上げ、代金のうち半分は現金で受け取り、残額は後で受け取ることとした。
⑥ 決算となり、当期純利益を計算する。
注：数字の単位を万円とする。

解説
①の場合、企業は社長からキャッシュをもらったことになるので、まず現金100が増える。このキャッシュは、企業にとってこれから企業を運営していく際の元手となる（出資は投資と同じ意味であり、その返済義務はない）ものなので、資本金が100増える。

②の場合、現金が100増える。と同時に借金も増えるので借入金100が増える。

③の場合、自動車50が増え、現金50が減る。

④の場合、商品 150 が増えると同時に、現金 100 が減り、後で支払わなければならない借金（買掛金）50 が増える。

⑤の場合、商品 150 を 300 で売り、代金のうち半分を現金で手にするので、現金 150 が増え、後でキャッシュをもらえるもの（売掛金）150 が増える。同時に商品を売ることで稼いだ売上 300 が発生する。また商品 150 を売ることでそれ自体が手許から無くなるので、商品 150 が減るが、これは売上を稼ぎ出すために必要不可欠な売上原価を意味するものなので、それが 150 発生する。

⑥の利益の計算は、2 種類の計算方法によって求められる。一つが損益計算書を通じて求める方法で、もう一つが貸借対照表を通じて求める方法である。それぞれの計算方法については、後述することとする。

この結果①の取引によって始まった企業活動は、決算後の⑥の段階では図 14-2 の通りとなる。

図 14-2 例題のイメージ図

(左側)　　　　　　　　(右側)
①の段階
(単位：万円)

資産		負債	
現金	100		0
		純資産	
		資本金	100
	100		100

(左側)　　　　　　　　(右側)
⑥の段階
(単位：万円)

資産		負債	
現金	200	買掛金	50
売掛金	150	借入金	100
自動車	50	純資産	
		資本金	100
		当期純利益	150
費用		収益	
売上原価	150	売上	300
当期純利益	150		
	700		700

このようにキャッシュは、新たなキャッシュを生み出すために企業の中を絶えずグルグルと巡っているのである。キャッシュの流れ（フロー）が滞り、いろいろな支払いが出来なくなると、企業は倒産する。そのため、キャッシュは「企業の血液」であると言われている。

また上述の例題からも分かる通り、キャッシュ・フローという表現には現在の現金の流入出のみならず、将来の現金の流入出も含んでいるのである。

5. 利益の計算方法

会計の最も重要な役割の一つに利益計算がある。すなわち、企業はいくら儲けているのかを計算することが会計の重要な役割なのである。しかも利益計算を重要視するあまり、利益の正確性を検証するために2種類の財務表が利益計算に使われる。その2種類の財務表は、損益計算書と貸借対照表であるが、これらは最も重要な財務諸表ということで、基本財務諸表と呼ばれている。

(1) 損益計算書

損益計算書による利益計算は、次の通りである。

$$収益 - 費用 = 当期純利益$$

これを上述図14-2の⑥の段階の図で確認すると、収益のグループに売上があり、費用のグループに売上原価があるのが分かる。それを算式に当てはめて計算すると、

$$\underset{(収益)}{売上\ 300} - \underset{(費用)}{売上原価\ 150} = 当期純利益\ 150$$

となる。

収益のグループにある売上は、商品をいくらで売ったのかが示されている。すなわち、売上は商品を売っていくら稼いだのか、を示しているのである。

費用のグループにある売上原価は、いくらの商品を売ったのかが示されている。すなわち、商品を売って稼ぐためにいくらの商品を消費したのかが示される。つまり、費用は、稼ぎを得るために犠牲になったモノ、を示しているのである。

収益から費用を引いた差額である当期純利益は、稼ぎから稼ぎを得るために犠牲になったモノを差し引いた儲けを示しているのである。

損益計算書を構成するグループのイメージは、以下の通りである。

収益：稼ぎ
費用：稼ぎを得るために消費した（犠牲になった）モノ
当期純利益：儲け

損益計算書は、ある会計期間のうちどれだけ稼いで、その結果どれだけ儲けたのかを示すので企業の経営成績を表す表なのである。つまり、損益計算書は、ある会計期間の中での変動を捉えるものなので、フローの計算書である。

すなわち、フローの計算書は、キャッシュの実体そのものではなく、どうやってキャッシュの流入をもたらしたのか（あるいはもたらすのか）、およびキャッシュの流出をもたらしたのか（あるいはもたらすのか）についての原因を示しているのである。

(2) 貸借対照表

貸借対照表による利益計算は、次の通りである。

$$期末の純資産 - 期首の純資産 = 当期純利益$$

↑ （ある期間の決算時点）　↑ （ある期間の取引始め）

これを上述の例題で確認しよう。

例題の図14-2、①の段階における純資産と⑥の段階における純資産の違いを見る。

①の段階における純資産の項目は、資本金100だけなのに対して、⑥の段階の純資産には資本金100の他に当期純利益150が示されている。

これを算式に当てはめると、

$$\underline{(資本金100＋当期純利益150)}-\underline{資本金100}＝当期純利益150$$
$$\quad\quad（期末の純資産）\quad\quad\quad（期首の純資産）$$

となる。

これは、当期純利益150が企業のキャッシュ・フロー活動によって新たに作り出されたもの（すなわち利益）であり、これを元手に加えてさらなるキャッシュを生み出すべく、次の期間に向かうことを意味する。すなわち当期純利益は企業がキャッシュ・フロー活動によって作り出された儲けであり、それは結局、次の会計期間において返済不要の元手に加わることを意味するのである。

貸借対照表を構成するグループのイメージは、以下の通りである。

　　資産：財産（企業の新たなキャッシュを作り出すために、使われるモノ）
　　負債：借金（将来、企業から出ていくキャッシュ）
　　純資産：企業の元手

貸借対照表は、ある時点における財産の状態や借金の状態を示すので、企業の財政状態を示す表である。つまり、貸借対照表は、ある時点における状態を表示するものなので、ストックの計算書である。

すなわち、ストックの計算書は、どこからか調達してきたキャッシュがどのように運用されているのか、および返済しないといけないキャッシュがいくらあるのか、あるいは返済しなくてもいいキャッシュはいくらあるのか、といったキャッシュについての結果を示している。

6. 新たな基本財務諸表の一つ

　利益は、かつては現金あるいはある程度の期間を経て現金になるものであった。その場合、企業がキャッシュ・フロー活動を管理するという意味において、たいして問題は生じなかった。理由は企業のキャッシュ・フロー活動において、利益が現金に変わるまでの流れを企業が把握出来たからである。しかし近年、会計の数値は現在のみならず将来のキャッシュ・フローも取り入れる方向にある。そのため利益は必ず現金になるという保証が無くなってきた。その結果、企業のキャッシュ・フロー活動を管理するには今までの基本財務諸表だけでは不十分となり、新たに企業のキャッシュ・フロー情報を提供するものが必要不可欠となった。そこで登場したのが、キャッシュ・フロー計算書である。キャッシュ・フロー計算書は、損益計算書、貸借対照表と並んで新たに基本財務諸表の一つに位置づけられることとなった。

(1) キャッシュ・フロー計算書
　キャッシュ・フロー計算書は、企業のある会計期間において実際に生じたキャッシュの流入と流出を示す表である。
　キャッシュ・フロー計算書は、企業の実際のキャッシュ・フロー活動を営業活動、投資活動、および財務活動の3つの区分に分けて示している。
　上述の例題をキャッシュ・フロー計算書で表すと図14-3の通りである。
　「営業活動によるキャッシュ・フロー」の区分は、企業の営業活動、つまり企業の本来の事業(本業)に焦点を当てて、その範囲における実際のキャッシュ・フロー状況を表している。
　「投資活動によるキャッシュ・フロー」の区分は、固定資産や有価証券の取得による支出や売却による収入というような、企業の投資に関する実際のキャッシュ・フロー活動状況を表している。
　「財務活動によるキャッシュ・フロー」の区分は、キャッシュの借り入れや

図14-3　キャッシュ・フロー計算書

キャッシュ・フロー計算書		（間接法）	
（単位：万円）		（単位：万円）	
I　営業活動によるキャッシュ・フロー		I　営業活動によるキャッシュ・フロー	
営業収入	50	税金等調整前当期純利益	150
商品の仕入支出	-100	売上債権の増加額	-150
営業活動によるキャッシュ・フロー	50	仕入債務の増加額	50
		営業活動によるキャッシュ・フロー	50
II　投資活動によるキャッシュ・フロー			
自動車の取得による支出	-50		
投資活動によるキャッシュ・フロー	-50		
III　財務活動によるキャッシュ・フロー			
社長の出資による収入	100		
借入金による収入	100		
財務活動によるキャッシュ・フロー	200		
IV　現金及び現金同等物の増加額	200		
V　現金及び現金同等物の期首残高	0		
VI　現金及び現金同等物の期末残高	200		

＊「営業活動によるキャッシュ・フロー」区分の表示について、わが国の現行会計規則においては、直接法（キャッシュ・フロー情報を直接示す方法）と間接法（利益から直接のキャッシュ・フロー情報には触れずに、非キャッシュ・フロー情報を載せることによって、間接的にキャッシュ・フロー情報を導き出す方法）の2種類があり、選択適用出来る。

　間接法は、利益とキャッシュ・フローの関係性が示されてる重要な情報なので、アメリカの会計規則では、必須の情報となっている。

借金の返済、配当金の受取りといった、企業の本業以外におけるキャッシュの調達や返済に関する実際のキャッシュ・フロー状況を表している。

　キャッシュ・フロー計算書の役割は、企業の利益とキャッシュの関係性を示す[3]他、企業の支払能力を示すことにある。これは、たとえ企業が利益を上げていても倒産する、いわば黒字倒産に対する「勘定合って銭足らず」といった批判を補う役割を果たすものである。その際の焦点は、3つの区分のどこが増加し、どこが減少したのかを把握することにある。

(2) フリー・キャッシュ・フローとは

　キャッシュ・フロー計算書の情報を利用するうえで欠かせないのが、フリー・キャッシュ・フロー情報の把握である。

フリー・キャッシュ・フローは、企業の本業によって得られたキャッシュ・フローから企業の生産能力の現状維持に必要とされるキャッシュ・フローを差し引いた金額である。このフリー・キャッシュ・フローがプラス（黒字）なら、企業が営業活動に支障をきたさないで、自由に使えるキャッシュを持っているということになる。逆にフリー・キャッシュ・フローがマイナス（赤字）だと、たとえ営業活動キャッシュ・フローがプラスでも企業に必要な設備投資額の一部が不足している状態であるということになる。

図14-4　フリー・キャッシュ・フローの算定方法

（一般法）

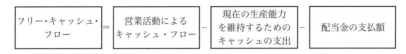

フリー・キャッシュ・フロー ＝ 営業活動によるキャッシュ・フロー － 現在の生産能力を維持するためのキャッシュの支出 － 配当金の支払額

（簡便法）

フリー・キャッシュ・フロー ＝ 営業活動によるキャッシュ・フロー － 投資活動によるキャッシュ・フロー

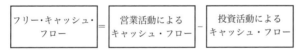

企業に投資をしている株主や、企業にキャッシュを融資している債権者の目線からすると、その企業が健全にキャッシュ・フロー活動を展開していけるかの判断は、何よりもフリー・キャッシュ・フローこそ見るべき数値なのである。

注

1）キャッシュ（cash）とはお金、フロー（flow）とは流れという意味である。

2）本章においては「お金」という言葉と「キャッシュ」という言葉は同じような意味合いで用いているが、読者に混乱を招かせないように今後はなるべく「キャッシュ」という言葉に統一することとする。

3）これに関する情報は、間接法による「営業活動によるキャッシュ・フロー」区分の表示において顕著である。

第15講　ケース・メソッド

1．ケース・メソッド教育について

　職場における人間関係の問題を解決する方法として、「ケース・メソッド教育」が、1900年代の初期に、ハーバード大学のビジネススクールが中心となって開発された。
　その後、「ケース・メソッド教育」は改良され、実践的な経営教育の方法として、経営戦略、会計、マーケティングなどの幅広い分野で展開されている。

2．ケース・メソッド教育の必要性

　ケース・メソッド教育とは、ケースと呼ばれる経営事例（現実に職場で起こった現象など）を基に、その内容を討議する形式で進められる授業方法である。もともと、ケース・メソッド教育は、1920年代に、ハーバード大学ビジネススクールにおいて実践的な教育方法の一つとして開発された。その後、世界の教育機関に広まり、日本では、1962年に慶應義塾大学ビジネススクールが同手法を導入したのが最初だといわれている。
　ケース・メソッド教育は、実在する企業経営の現場で生じた様々な事例を教材として、問題解決に向け研究・討議を行うものである。特に、思考能力を養うことを目的とした実践的な教育手法として、また、実践力を向上させる研修手法として、現在では世界各国のビジネススクールや企業で導入されている。
　すなわち、ケース・メソッド教育では、一般的な教育や研修のように、一方的

な講義では享受できない実践的な意思決定能力などを養成することができると考えられている。

　ケース・メソッド教育を取り入れた講義の受講者が、企業の経営層や管理職層が直面した問題事例や、それらに関連する周囲の状況・意見を、当事者の立場で分析・検討し、受講生の各々が考えをまとめることにより、そのまとめた考えを、数人のグループで意見発表を行い、そこでの参加者が各々の意見を尊重し受け入れることで、問題解決に向けた解決方法を導き出すことが可能であり、その結果から、自然と議論の幅が広がり、事例に適した最善の問題解決方法が導き出せるという仕組みになっているからである。

　まさしく、経営者や実務リーダーに必要な分析力や洞察力、戦略構築力、論理的思考力などを育てることに適していると考えられる。

　具体的な理由は、企業の極秘情報漏えい事件や不適正な解雇事件といった経営に関わる問題において、ケース・メソッド教育で体験した事例と類似した事態に遭遇した場合、過去に分析・検討した事例を参考にして、それらの問題に対し迅速かつ最適な対応ができる。そのようなことから、ケース・メソッド教育は、とても効率的な実践教育を学ぶための教育手法といえる。

　しかし、ケース・メソッド教育を取り入れた講義の受講者が、大学院生や社会人であれば、問題なくスムーズに導入することは可能である。ただ、経営学を学んでいない大学生や社会人に、ケース・メソッド教育を導入する場合には、現在使用されている方法をそのまま導入できるのかについては、少し考えなければならない。

　なぜなら、大学を卒業して働いた場合に、もっと身近なケースについて悩む社員が多いのではないかと考える。入社したばかりの社員がすぐに悩む問題は、企業の経営層や管理職層が直面した問題ではない。それは、社会人としてはじめて働くことによって生まれた身近なケースについて悩むと考えられるからである。

3．ケース・メソッド教育で重視すること

ケース・メソッドによる討論形式の授業の重要性について、以下のことを良く理解することが、重要である。

Point 1：教育は受け身であってはいけない

参加するものは、学問をするという意味からも分かるように、自ら問い学ぶものである。

Point 2：自ら積極的な意思を持って参加する

自らの個性を見いだし、確立し、自分に一番必要な生き方を見定めていく作業が必要である。自分の人生は、決して他人まかせの受け身ではいけない。

Point 3：調べることからすべてが始まる

講義で利用される教材（資料）を調べることから、学ぶ事の喜びを知ることができる。何事についても調べることから必ず新しい発見がある。よりたくさんの発見をすることによって、新しい喜びを見つける。

4．ケース・メソッド教育の進め方

まずは、参加者が現実の企業経営の実態をもとにして作成された「ケース」を受け取り、講読する。

次に、そのケースには、「経営者、管理者が判断し決定する当面の問題」「関連する周囲の状況や意見」などが、記述されている。

さらに、ケースをもとに参加者は、次の3つの学習プロセスに主体的に「参加」することになる。以下が、簡単な流れである。

> **個人研究**
> 各自がケースの当事者である経営者・管理者の立場に立ってケースを分析・検討し、考えをまとめるプロセス。
>
> ↓
>
> **グループディスカッション**
> 数人ごとのグループで個人研究の成果を発表しあい、他の人の考え方も参考にして、自身の意思決定案を再検討するプロセス。
>
> ↓
>
> **クラス・ディスカッション**
> 全員が集まったクラスにおいて、講師の指導でさらにディスカッションを重ね、多数の人々の意見を通して各自の判断を形成するプロセス。

　これら3つのプロセスを通じて、参加者は、❶ケースにおいて意思決定を必要とする問題が何であるかを明らかにし、❷その問題に関連する記述・資料を関係づけ解釈し、❸その問題を解決する具体的方策を考え提案し、❹その方策が当面する問題と周囲の関連状況に適合するものであるかどうかを比較・検討し、❺最終的判断(意思決定)を下す。

5．ケース・メソッド教育から学ぶこと

　私が卒業生の話を聞いて作成した、「職場における人間関係問題を中心としたケース」を利用しながら、受講生と繰り返し討論や議論を行っていただきたい。
　ケース・メソッド教育では、一般的な知識や理論の一方的講義からは得られない、実践的な経営意思決定能力の養成を目的としている。
　すなわち、ケースを受講生が読んで感じることは、それぞれに違うはずである。受講生は、そこで感じたことを素直に発言し、そこに参加するものと、共通のケースについて話し合うことが大切である。
　前もって作られた答えが、ケースには存在しない。答えは、それぞれの受講

生が感じたことになる。それぞれが感じたことを、意見として出し合うことにより、さらに、いろいろな考え方が出来るようになる。これが、ケース・メソッド教育である。

　必ず、配布されたケースを受講生は事前に講読すること。そして、事前に準備されている質問に、それぞれの考えをまとめたものを作成すること。

　また、ケースを講読して特に自分が感じたことなどがあれば、すべて列挙し、メモとして残しておくこと。

　事前学習を十分に行ってから、討論に参加することが重要である。

参考文献

坂井正廣編著『人間・組織・管理　－理論とケース－』文眞堂、1979年。
坂井正廣編著『ケース分析の方法』文眞堂、1979年。
坂井正廣・吉田優治編著『マネジメント：ケースに学ぶ〔新版〕』文眞堂、1991年。
坂井正廣・村本芳郎編著『ケース・メソッドに学ぶ経営の基礎』白桃書房、1993年。

資　料：ケース―職場の人間関係問題を中心に―

ケース1：出口亮子の決断

❶出口亮子

　地元の南海短期大学で秘書実務を学んだ出口亮子は、卒業と同時に地元の従業員が30名程の食料品卸売り会社の事務員として入社した。

　入社してすぐの研修会では、研修担当者から、「入社すれば色々な仕事をしてもらいます。新入社員の皆さんにも頑張っていただきたい。」とのコメントがあった。そのことに関して、出口は何も問題を感じていなかった。

　また、出口の上司の阿賀は、地元の商業高校を卒業してから30年間勤務しているベテランの総務課長であった。さらに、阿賀は部下思いの人物であり、部下たちの仕事に関する悩みやプライベートに関する悩みなどの話も聞いてくれた。たまには部下を誘って、食事に連れて行ってくれる人物で、出口は阿賀課長のことをかなり信用しながら仕事をしていた。

　また、地元の大学を卒業した安浦係長も阿賀課長のように出口には信用できる上司の一人であったが、プライベートに関する悩みなどの相談はしていなかった。

❷課長の突然死

　突然、阿賀課長が心筋梗塞により亡くなられてしまった。亡くなられてからの3ヶ月間は忙しい日々を出口は送った。

　ある程度仕事が落ち着いてから、社長からの辞令により、安浦係長が課長に昇進した。総務課は、安浦課長の下に、何事もなかったかのように仕事がなされた。

❸退職願い

　出口はその会社に平成12年4月1日から約4年間勤務していた。平成16年4月の下旬に安浦課長に対して、その年の6月30日付けで会社を退職したいと、数時間に渡り話をした。

　次の日に、出口は、安浦課長に退職願いを渡した。安浦課長は何も言わずに、ただ、退職願いを受けとった。

　そして、出口は、社員に見送られて、6月30日で会社を退職した。

❹恩師との出会い

　出口は会社を退職したことを短期大学時代の恩師に話をした。その場で、出

口は、次のようなことを話した。
　出口：その会社で仕事をすることは嫌いでなかった。しかし、どうしても納得できないことがあった。その納得できなかったことが、「お中元」と「お歳暮」の販売ノルマであった。販売員でもない私が「お中元」には商品を30万円売らなければならず、「お歳暮」には商品を50万円売らなければならなかった。
　また、販売ノルマを達成しない場合は、ある年から上司が小言を言うようになった。このことを理由に退職したと恩師に話をした。
　恩師：話は、わかりました。
　　　出口さんからの新しい職場を紹介して欲しいという希望については、
　　　出来るだけのことをいたしましょう。
　出口：お忙しいのに、本当にありがとうございます。
　恩師：出口さんに、一言だけ言っておきますが、仕事を退職する前に相談に
　　　来てくださいね。
　出口：先生の言われる通りでございます。
❺その後
　恩師との話が終了すると出口は、満足そうな顔をして恩師の前から去っていった。
　数日後、恩師の紹介により、出口は新しい職場に就職が決まった。
　しかし、その後、恩師には連絡がなかった。

【設問】
①このケースを読んで、あなたが問題に感じたことを、挙げてください。
②このケースの問題点を検討してください。

ケース2：瀬戸由香の退職

❶瀬戸由香

　桜岡高等学校の商業科3年生の瀬戸由香は、高等学校の進路課の紹介により地元の広島機械を受験することとなった。高校の進路担当者からは、事務員としての採用だから、がんばるようにと言われていた。

　そして、10月に就職試験を受けた。その就職試験の内容は、一般教養試験と面接であり、試験内容に関しては、一般的に就職試験で採用されている方法であった。面接試験は、人事部の山下部長と西藤課長が担当した。面接の中で、二人からは、最終的には当社の事務員として採用したいと言う話が出されていた。また、最初はいろいろなことを知っていただくために、いろいろな部署を担当してもらうという話もなされた。そのときは、高校の進路の担当者からいろいろな話を聞いていたことなので何も疑問を感じることなく聞いていた。数日後に、広島機械から内定の通知が高等学校の進路課に届いた。

　平成15年3月に瀬戸由香は無事に高等学校を卒業し、4月から地元の広島機械に入社した。入社式で、新人として、竹原姫子、西条勇気、瀬戸由香の3名が採用されていたことがわかった。初日は、社長からの挨拶があり、その後は、人事部の山下部長による新人研修が3日間ほど実施された。新人研修が終われば、今度は、総務部から、各種の手続きの説明がなされた。最後に、それぞれに対して、人事部の西藤課長から明日からの配属場所が伝えられた。

　竹原姫子には、資材部での資材発注の仕事を体験して欲しいと話があり、資材発注の仕事を次の日から担当した。

　西条勇気には、販売部での営業の仕事を体験して欲しいと話があり、営業の仕事を次の日から担当した。

　瀬戸由香には、生産部での製造の仕事を体験して欲しいと話があった。瀬戸は疑問を感じることなく、製造の仕事を次の日から担当した。

　瀬戸由香が配属された、生産部は大変人間関係のいい職場であった。また、生産部の山本部長は、部下たちから信頼があり頼られている人物であった。部下たちは、何かあれば、山本部長に相談をするのであった。

　数ヶ月が過ぎようとしていたときのことである。生産部で製造の仕事を担当していた、瀬戸由香に少し異変が起こった。その理由は、製造過程で使用され

ていた薬品が問題であった。その薬品が、瀬戸由香の体調を悪くしてしまったのである。ただし、長年仕事をしている人たちには何の問題も過去からなかった。

❷相談

瀬戸由香は、生産部の山本部長に次のように相談した。

瀬戸由香：製造過程で使用されている薬品があわず、少し体調が悪いのですが、配属のことについて聞いてもらえますか。

山本部長：ああ、かまいませんよ。何でもいいですから話してください。

瀬戸由香：私は、事務員として採用されたと思います。現在の生産部がいやで配属を変えて欲しいと言うわけではありません。
　しかし、体調がよくないので、配属を変えていただくことは出来ませんか。

山本部長：瀬戸さんの体調のことを考えると、配属を変えることも一つの考えであるとは思います。本当に、生産部では仕事が続けられませんか。

瀬戸由香：私の今の状態ですと、生産部で仕事を続けることは難しいと感じています。

山本部長：そうですか。少し、仕事を休まれて、体調を整えて、もう一度、生産部で仕事をしてみませんか。

瀬戸由香：わかりました。少し仕事を休ませて頂き、体調がよくなれば、もう一度、生産部で仕事をしてみます。
　ただし、再度、体調が悪くなった場合は、すぐに、配属場所を、事務職関係に移動してください。
　勝手なお願いですがよろしくお願いします。

山本部長：では、その件については、人事部の西藤課長に、私から話をしておきましょうと、瀬戸に伝えた。

❸決定内容

次の日に、生産部の山本部長は、人事部の山下部長と西藤課長に瀬戸さんの件で話し合いをした。3人で数時間の話し合いを行った。その結果、次のように決まった。

①瀬戸さんの体調が悪いので、1ヶ月程度仕事を休んでもらう。
②瀬戸さんの体調がよくなれば、もう一度、生産部で仕事をしてもらう。
③今度、瀬戸さんが同じように体調が悪くなった場合には、販売部で営業

の仕事をしてもらう。

　瀬戸さんは、1ヶ月後に生産部で仕事をはじめたが、すぐに体調を悪くした。すぐに、配属場所が移動された。決定内容の通り、販売部で営業の仕事をすることと成った。

　しかし、瀬戸さんは、1ヶ月後に会社を退職した。

【設問】
①このケースを読んで、あなたが問題に感じたことを、挙げてください。
②広島機械の職場環境をどう感じますか。
③生産部の山本部長、人事部の山下部長と西藤課長の話し合いの結果をどう思いますか。
④瀬戸さんが退職したことについてどう考えますか。
⑤このケースの問題点を検討してください。

ケース3：まじめな営業マン、大森大介

❶入社

　大森大介は、地元の緑岡短期大学の経営情報学科を、平成17年3月に卒業し、大手のリホーム会社であるジャパンクリーン株式会社の営業員として就職をした。

　入社してすぐに、大森は東京で実施された新入社員研修会に1週間参加し、会社での営業のやり方を中心に研修してきた。

　研修を終えた、大森は、緑岡駅の近くの緑岡営業所に配属された。そこは、営業所長の佐伯、事務員の浅岡、技術職員の近藤、平野、原田、吉田の全員で6人程度の営業所であった。

　そこに、大森が配属され、全員で7人になった。大森にとって、その営業所の社員人数が少ないのではないかと考えていた。その理由は、緑岡駅周辺の人口は約6万人で、世帯数は2万8千世帯であり、決して小さな町ではないのでもう少し営業所には社員がいるものだと考えていた。

　入社してから1ヶ月間は、営業所長と一緒に営業をするのであった。それは、会社の決まりであり、入社当初は直接営業所長からその方法を学ぶのであった。

　2ヶ月目からは、一人で担当エリアを営業するのであった。しかし、営業活動を毎日行っていたが、2ヶ月過ぎても仕事を取ることは出来なかった。

　その理由は、大森自身にあった。大森は、嘘をついて無理やり商品を販売することが出来ずに、何時も正直に商品の説明を行い、必要がない家には、今は必要ないと商品を、売ることをしなかった。

　7月に成った頃、営業所長の佐伯は、突如移動になり、新しく営業所長として廣瀬が赴任した。

❷廣瀬所長が大森を呼び出す

　廣瀬所長：大森君、もう4ヶ月が過ぎようとしているが、まだ商品を一つも販売していないね。本当に、大森君は商品を売るつもりはありますかと、尋ねたのであった。

　　大森：商品は当然売るつもりで営業活動を行っています。しかし、無理やりに商品を販売したくない。本当に必要な人にだけ商品を販売したいのです。今までに、そのような人には会いませんでした。

だから、商品を一つも販売していません。
廣瀬所長：本当に売る気持ちがあるのかね。私には、そのように見えないがね。まあいいよ、もう少しがんばって商品が売れない場合は、転勤してもらうからね。
大森：所長がそのように言われるのでしたら、それは仕方ありません。所長の命令に従います。
廣瀬所長：では、その覚悟で営業をして下さい。
大森：わかりました。
そう言って、営業活動に出かけた。

❸恩師
大森は、休日に、短期大学時代にお世話になった、セミナーの先生であった近江助教授に出会った。
大森：先生、ご無沙汰しております。今日は少し話を聞きたくてやってきました。いつも、先生は、商売で一番大切なものは、「正直」と「信用」であると言っておられましたが、今でもそう考えておられますか。
近江助教授：私は、商売で一番大切なものは、今でも、「正直」と「信用」だと考えていますよ。
大森：私は最近、その考えは理想であり現実的ではないと思っています。
近江助教授：大森君は理想だと考えていますか。そのように感じても間違いではないでしょう。
大森：昔、授業で先生が見せてくれた、「てんびんの詩」は、現在でも通用しますか。
近江助教授：「てんびんの詩」は、現在でも通用するでしょう。
大森：先生、ありがとうございました。私もまだ、心のそこでは、その考え方が正しいと考えています。お忙しい時間ありがとうございました。
近江助教授：いつでも、気楽に遊びに来てください。
大森：ありがとうございます。

❹出来事
大森は、何時ものように、会社に出社した。すると廣瀬所長は、大森を呼び次のように言った。
廣瀬所長：大森君、商品は売れましたか。
大森：まだ、一つも売れていません。がんばって、今まで以上に営業活動を

行っているのですが、商品はまだ売れません。

廣瀬所長：大森君の努力は認めます。しかし、商品がまだ売れていないことに関しては、納得できません。今日中に、今後の販売方法について考えをまとめ私に提出しなさい。

大森：わかりました。今日中に今後の販売方法についてまとめて、所長に提出します。

　文書が出来上がったその日、広瀬所長はすでに帰宅されていた。大森は、今後の販売方法について考えをまとめたA4判1枚の文書を、広瀬所長の机の上に置いて帰宅した。

❺退職

　広瀬所長に文書を提出した次の日、大森の出した今後の販売方法について、廣瀬所長と大森は、激しく言い争いをすることになった。

　しかし、大森は、廣瀬所長の話を今回は聞かなかった。なぜなら、その文書には、自分の信念を書いていたからである。

　次の日、大森は、退職願いを廣瀬所長に提出し、帰宅をした。その帰りに、事務員の浅岡さんと階段で出会った。浅岡さんは、大森に、「営業にがんばってきてね」と声を掛けた。浅岡は、何時もよりも大森の顔色がすっきりしていて、元気そうな姿であったので安心をして声を掛けたのであった。しかし、大森は、浅岡さんに、「今日で仕事をやめました」と、すっきりした顔でそう言い帰宅した。

　数日後、一本の電話がかかって来た。その内容は、大森に家のリホームをお願いしたいとの内容であった。

【設問】

①このケースを読んで、あなたが問題に感じたことを、挙げてください。

②廣瀬所長について、どう感じましたか。

③大森君について、どう感じましたか。

②このケースの問題点を検討してください。

ケース４：原田優二の判断

❶原田優二

　原田優二は、瀬戸大学商学部の３年生であり、子どもの頃から続けている新聞配達とガソリンスタンドのアルバイトで、学費を払いながら大学に通うまじめな勤労学生であった。そのことについては、ガソリンスタンドの社長も知っていた。

❷問題が起こる

　その日は、原田はガソリンスタンドのアルバイトが休みの日であった。突然、携帯電話にガソリンスタンドから電話がかかってきた。電話をしてきたのは、同じアルバイトで後輩の木下五郎であった。
　木下からの電話内容は、以下のことであった。

❸電話内容

　①お客様の車に、ガソリンを給油しなければならないところ、軽油を給油した。
　②お客様がそのことについて、すごい剣幕で怒っている。
　③正社員の方は、急に体調を崩して、アルバイトだけで、現在は仕事をしている。
　④この問題を解決できるのは、原田先輩に頼む以外の方法がない。
　⑤至急にガソリンスタンドに来てトラブル対応して欲しい。
　以上の内容が原田に電話で伝えられた。

❹確認

　木下からの電話に原田は、以下の内容を確認した。
　確認内容
　①この出来事は、まず、社長に話をしたのか。
　②他の正社員にも連絡したのか。
　③私以外は、誰も対応できる社員はいないのか。
　木下は、「原田先輩が指摘したことはすべて行いました。しかし、誰一人とも連絡出来ません。」と言った。
　そのことを聞き、原田はガソリンスタンドに向かったのであった。

❺処理
　ガソリンを給油しなければならないところ、軽油を給油した事件については、原田が処理にあたった。すごい剣幕で怒っていたお客さんも、原田の知り合いであったおかげで、無事に処理が出来た。

❻次の日
　原田は、木下に昨日の出来事について、社長に報告したかと尋ねた。すると、木下は、まだ報告していないと言った。
　原田は、そのことを聞いて困った。
　しばらくすると、ガソリンスタンドに社長がやって来た。
　そして、原田に、社長は、「昨日は大変でしたね。適切な処理をしてくれてありがとう。」と声をかけてくれた。
　しかし、社長は、「昨日の件で、木下君には、それなりの責任は取ってもらうつもりだ。」と話した。
　それを聞いた原田は、頭を下げ、腕を組みながら、何かを考えていた。

❼原田から社長へ
　原田は、社長に木下に関する件で以下の話をした。
　①お客様の車に、ガソリンを給油しなければならないところ、軽油を給油したことに関しては、木下にも責任がある。
　②正社員が誰もいなかったことについては、会社にも責任があるのではないか。
　③木下が、社長に連絡したが、連絡が取れない状況にも問題があるのではないか。
　④今後、このようなケースが起こった場合のことを考えなければいけないのではないか。
　⑤今回の件に関しては、木下には特別な措置をお願いしたい。
　社長は、原田の話を聞いていた。そして少し悩みながら、事務所に戻った。

❽社長から正社員に
　社長は、昨日、原田から聞いた意見を正社員に話をした。その話を聞いた正社員は、少し困った顔をしていた。
　なぜなら、正社員は今まで、原田の意見を考えたこともなかったからである。
　正社員は、会社が終わったその日の夜に会議を行った。
　その会議は、夜遅くまで続いた。しかし、新しい考えが出てこなかった。

【設問】
①このケースを読んで、あなたが問題に感じたことを、挙げてください。
②木下五郎の対応をどのように考えますか。
③原田優二の対応をどのように考えますか。
④正社員はこの事件から何を学べますか。
⑤このケースの問題点を検討してください。

ケース５：宮野幸平の懲戒免職

❶宮野幸平

宮野幸平は、実家が自営業を行っていた。実家の自営業は乾物屋である。

2006年3月に短期大学を卒業した。将来は、自営業を継ぐことを学生時代から決めており、卒業後の就職も、大阪の乾物関係の会社である、株式会社近江商店に就職した。

❷4月からの新しい生活

4月からは実家を出て、会社での社員寮生活を送ることになった。その社員寮には、当然規則があった。

宮野は、短期大学時代には、何時までに家に帰って来いということを言われたことがない生活を送っていた。

❸寮での出来事

どこの会社でも同じであるが、宮野の会社も3ヶ月が試用期間であり、その間は本社でも研修が実施されていた。実家が本社から遠い人は基本的には社員寮（4DKの広さに5人で生活）に入ることになっていた。その理由から、宮野も社員寮に入ることになった。

この社員寮の規則では「外部の者を入れるのは一切禁止（家族や親戚は会社に届ければ可）」であった。当然、異性はもちろん、寮の住人でない社員（同性であっても）も立ち入り禁止であった。また、門限は23時であるが、外泊は申請すれば可能であった。外泊は、本人が申請をすれば簡単に会社は許可をしてくれた。

ところが、短期大学や大学を卒業した歳の若者たちは、実際、この規則を破る人が多く、社員寮に女子寮の女の子たちがやってきて、料理を食べながら会話をし、お酒などを飲む集まりをたまに行っていた。

❹管理者の目撃

ある日、歩いて帰ることが出来ない状況になるほどお酒を飲みすぎた女の子たちが、ついに、男子の社員寮に泊まる事件が起こった。その日は、金曜日の夜で、次の日は休みであった。

次の朝、会社は休みであるが、総務部長の浜野一郎は、社員寮の宮野のところに、ある書類を届けるためにやってきた。そして、男子の社員寮で大変なこ

とになっていることを目撃してしまった。しかし、その現場で、総務部長の浜野は、「今日の夕方に、本社の会議室に、この場にいる全員が来るように」と言って立ち去った。

その場にいた者たちは、今どのような状況になっているのかがまったくわからない状況であった。ただ、本社の会議室に夕方に行けばいいことだけはわかっていた。

❺経営者の判断

本社の会議室に夕方、男子の社員寮にいた、男子社員5名と女子社員3名の合計8名がやってきた。会議室には、社長の神田雅之、副社長の大林正男、総務部長の浜野一郎がいた。

その場では、8名の意見はまったく聞くことがなされずに、社長の口から次のことが言われた。

社長：

①男子の社員寮に泊まった女子社員については、すべて懲戒免職にする。

②そこにいた男子も全員懲戒免職にする。

③今回の事件に関しては、その場にいた社員の意見は一切聞かないこととした。

④社員寮の荷物は、日曜日にすべて撤去して欲しい。

⑤ただし、懲戒免職は社会的にも評価が厳しいので各自が今ここで退職願を書いてくれれば、希望退職として処理する。

⑥今まで働いた分の給料は出す。

この事件で、男子の社員寮にいた、男子社員5名と女子社員3名の合計8名は、月曜日からは、会社に出勤することはなかった。その中に、宮野も含まれていた。

【設問】

①このケースを読んで、あなたが問題に感じたことを、挙げてください。

②このケースの問題点を検討してください。

ケース6：悩んで苦しんだ工員の田中氏

❶登場人物
　工員：田中大輝（19歳）
　　平成21年3月に、地元の工業高校を卒業
　　平成21年4月に、広島金属に就職し、組み立て科に配属
　友達：宮島もみじ（19歳）
　　平成21年3月に、地元の普通高校を卒業
　　平成21年4月に、地元短大に進学

❷勤務状況
　会社の平常勤務は、8時30分から17時15分である。休憩は、10時30分から10時45分、12時から13時、15時30分から15時45分の計1時間30分の3回である。そのうち週に2から3回は、3時間の残業があった。その場合の勤務時間は、8時30分から20時30分であった。
　また、機械を止めずに常に動かすために、平常の昼勤務と夜勤務を1週間ごとに分担して仕事を回している。夜勤務は、夜の8時30分から朝の5時15分である。残業のある場合は、プラス3時間なので夜の8時30分から朝の8時30分である。
　さらに、休日も機械を止めずに動かすため、社員は交代で休日出勤をする。GWやお盆休み・お正月休みなどの大型連休も社員を交代で出勤させ、機械を動かせている。大型連休の出勤日程は、社員には前もって出勤希望日程を聞き、その希望に合わせてどこか1日出勤することになっている。そのため休日出勤の場合は、少人数でたくさんの機械を動かさなければならない。

❸出来事
　田中が入社した頃は、まだ研修期間で残業も少なく、平常の昼勤務で休日出勤もほとんどなかった。しかし、入社して4ヶ月がたった8月頃、今まで昼勤務だけだったが、夜勤務が始まった。
　1週間交代で昼勤務と夜勤務を繰り返すため、休みの土日の間で生活リズムを変えなければならない。この生活リズムに慣れるまでには時間がかかるため、若手の新入社員は、夜勤務中に居眠りをしてしまう人も多い。田中もその一人であった。

それに加えて残業や休日出勤も増え、残業が多くなり、休みが週に1回しか取れない日も増え、田中はだんだん疲労がたまり、生活リズムが狂い始めた。
　さらに、夜勤務は昼勤務と違い、従業員の数が少ない。休日出勤の夜勤務は特に少ない。
　毎日ひたすら同じ作業の繰り返しであり、話す相手がいないため、田中にとって孤独な時間が増えてしまった。

❹異変
　昼勤務と夜勤務の交代勤務が始まって3ヶ月がたった11月頃、田中の体調に異変が起きた。
　ある休日、田中は宮島と晩御飯を食べに出かけていた。その時、田中が急に「お腹が痛い」と言ってうずくまった。その時は、ただの食あたりだと思い、田中の自宅に送ることにしたが、田中の腹痛は治まるどころか、腹痛に加えて頭痛まで発症した。あまりの痛さに、田中は横になったまま立つことができなくなってしまった。宮島が、田中に、水を取りに行こうとした時のことであった。
　田中：「どこ行くの？嫌や！どこも行かんといて！」と言って泣き出した。
　宮島：「何言っとんの？水取りに行くだけやに！」と言った。
　田中：「嫌や！離れてかんといて！」と言って泣きじゃくった。
　あまりの田中の豹変ぶりに宮島は驚き、戸惑った。今までの田中とはまるで人が変わったようだった。困った宮島は、とりあえず田中が落ち着くまで田中のそばにいることにした。すると田中は、お店でそのまま眠ってしまった。
　しばらくすると、田中は目を覚ました。田中はいつものように戻り、腹痛も頭痛も治っていた。
　何事もなかったかのようにしている田中に、宮島がさっきまでのでき事を話したが、田中は覚えていないようだった。そして田中はいつものように元気に自分の家に帰った。

❺本人の意見など
　体調に異変が起きて以来、田中は、ぼーっとすることが多くなった。いつも疲れた顔をしていて、あまり眠れないようで、眼の下には隈ができていた。何をしていても退屈そうで、だるそうにしている。口数も減り、前に話した内容やでき事などを忘れることも多々あった。情緒不安定な状態で、涙腺も弱い。
　また、田中は「しんどい」「もう嫌や」「疲れた」「なんで働かなあかんの？」「なんのために働くのかわからん」「金いらんから休みがほしい」「学生はずる

い」「一生働かなあかんの？」「俺もみんなみたいに遊びたい」などと泣きながら、宮島に愚痴をこぼすこともあった。

❻以前の状況

　田中には幼馴染みが何人かいる。その幼馴染みたちとは小さい頃から変わらず仲が良く、家や近所の公園で話たり、ご飯や遊びに出かけたり、頻繁に会っていた。

　また、高校時代の友人とはみんな仲が良く、大勢で集まったり、そのうちの何人かでご飯を食べに行ったり、高校を卒業してからも相変わらず連絡を取り合っていた。

　さらに田中は、小学生の頃から野球を続けている。高校を卒業して野球部を引退してからも、社会人の草野球チームに入って野球を続けていた。その草野球チームには、高校時代からの友人や先輩がいて、野球の練習や試合だけでなくみんなに会えることが、田中にとっての楽しみであった。試合が近くなると、みんなと頻繁にバッティングセンターにも行っていた。

❼その時の状況

　田中は、残業や休日出勤続きで休む暇がなく、地元の友人や高校時代の友人とはほとんど連絡を取らなくなり、遊ぶこともなくなった。趣味の野球もする暇がなく、草野球チームの練習に参加する機会がなくなり、バッティングセンターにも行かなくなった。つまり、田中の生活リズムが変わってしまったのである。唯一、宮島とは頻繁に連絡を取り、たまにある休みは、宮島とすごした。

　宮島以外の人とコミュニケーションを取ることがなくなってしまったため、田中の中では「自分には宮島しかいない」という感覚になっていた。つまり「宮島がいなくなったら自分は一人ぼっち」ということだ。そのため、宮島が離れていってしまったらどうしようという不安が田中の中に常にあり、情緒不安定になってしまったのである。

❽第三者との相談など

　宮島は、自分一人ではどうすればよいのかわからず、学校で周りの友人や先生に田中のことを相談した。すると先生がいくつかのアドバイスをしてくれた。

　①もっとたくさんの人とコミュニケーションをとらせる（集団で行動させる）

　②田中の話をよく聞いてあげる（話を聞いてくれる人が必要）

　③おもいっきり体を動かしてストレスを発散させる（田中の場合趣味の野球がぴったりである）。

④ 意外と感じるかもしれないが、感動する映画を見る（できれば、映画を見て、田中がおもいっきり笑ったり泣いたりするといいけどね）。

❾結果

　宮島は、先生から受けたアドバイスを一つずつ実行していった。田中の友人や幼馴染みなどにも協力してもらった。その結果、田中はしだいに元の元気な田中に戻っていった。今では仕事の愚痴をこぼすこともあまりなくなり、毎日元気に出勤している。愚痴をこぼすどころか、会社でのでき事を楽しそうに宮島に話している。

　宮島以外の幼馴染みや高校時代の仲間たちとも、以前のように頻繁に連絡を取っているようだ。

　仕事の休みが合えば、草野球チームの練習や試合にも参加し、表情も豊かで、毎日充実した日々を送っている。

❿その後の職場

　田中は入社2年目になり、現在、後輩の新入社員が入社してきている。1年前の田中と同じような事件が、再び新入社員の中で起こっている。

　その後、聞いた話によると、残念であるが、新入社員で12月に仕事を辞めたものがいたそうである。

【設問】
①あなたは、この職場環境をどのように思いますか。
②あなたが、田中大輝だとすれば、どうなっていたと思いますか。
③あなたが、宮島もみじだとすれば、どのような行動をとりましたか。
④このケースを読んで、あなたが問題に感じたことは、何ですか。
⑤あなたは、このケースから、管理や組織の問題として何を学ぶことができましたか。
⑥このケースについて、あなたの友達やすでに仕事をしている先輩などと話し合ってください。そしてそこから教えられたことについて述べてください。

ケース7:社長と僕と人事問題

❶田口康輝

　田口康輝は、地元の普通科高校を卒業後、知り合いの山本隆が経営をしている建材会社の山本建材株式会社に、1988年4月に、山本から入社しないかという誘いを受けて入社した。入社当時は、製造部に配属された。

　製造部はAからDの4つのグループに分類されており、田口はDグループに配属された。

❷勤務状況と昇進

　田口は、真面目な性格で、日々、仕事を熱心に頑張ってきた。その頑張りが認められ、入社4年後、Dグループの主任を命じられた。主任として、部下3名と共に会社のために一生懸命働いた。

　それから8年後、田口は、30歳の若さで、主任から所長へと昇進した。昇進にともない、部下も3名から20名へと増えた。

　田口が所長へと昇進した背景には、以前の所長であった木下雄二に原因があった。木下が所長時代の職場は、雰囲気が暗く、業務変更などがあっても連絡、報告がなく、職場の人間とのコミュニケーションが不足していた。田口は、業務が上手くいくようにと思い、木下に職場での状況を相談したが、「個々の問題」だというばかりで、問題は解決されることはなかった。各部署の主任および部下との連携が上手くいかなくなり、業務に支障が生じ始め、売り上げも以前より下がってしまった。そして、木下の退任が決定後、田口は山本社長から所長になるように命じられた。

　田口は以前の所長であった木下の二の舞にならないように、部下とのコミュニケーションの重要性を考え、月1回程度の飲み会、年に数回社内でゴルフをするなどして、コミュニケーションを取っていた。田口が所長に就任されてからは、順調に業績も上がり、社長にも認められた。

❸社長の判断

　社長は山本建材株式会社以外にも会社を経営していた。ある日突然、別会社に、田口の部下で一番信頼できる人物であった本村省吾を、異動させることを社長は決定した。

　田口には、社長からの相談がなかった。田口にとって、本村が人事異動をさ

れると厳し状況になることを感じていた。しかし、社長の決定であることから、田口は了解するしかなかった。

そして1年後、本村と、他の2名は、別会社の営業部に異動となった。

❹社長との交渉

本村と、他の2名は、工場勤務を長年しており、営業部への異動に不安を感じていたので、現在の業務を続けたかった。

ある日、本村は、田口に人事異動について相談に来たのであった。そこで、本村は、田口に工場での作業を継続できるように依頼した。

その相談を受けて田口は、社長との話し合いを行った。しかし、田口がいくらお願いしても社長の、本村の人事異動についての考えは変わらなかった。

❺異動後の状況

主任クラスであった3名の異動により、田口は、担当外の業務、後任者への引き継ぎ、得意先・仕入れ先の問題、他グループと話し合いなど、仕事は以前よりも増えた。

田口は、仕事量が大幅に増え、心身共に限界を感じた。体調の異常を少し感じた田口は、主に担当している仕事の一つを、別の同僚に担当を変えてほしいことを、山本社長に数回相談した。しかし、社長は、仕事の分担は当事者で話し合ってほしいと言い、田口の仕事量の状況は変わることはなかった。

田口の負担は、日に日に増えていき、連日夜おそくまで残業をし、仕事を家に持ち帰ることが多くなり、徹夜に近い状況で仕事を片付けていた。

❻田口の変化

そんな日が毎日続いたことにより、田口の体に、慢性的な頭痛・手の震え・不眠・やる気が出ないなどの症状が出始めた。

田口はプライドが高く他人には弱さを見せまいとすることが多く、その体の異変などについて、当然であるが、周囲の友人知人、家族に相談することはしなかった。

ついに、仕事に支障が出始めたため医者に相談することにした。医者の診断は、うつ病の初期症状であることと、これ以上ひどくならないように今の仕事を退職することが必要であると勧められた。

❼その後の田口

田口は、職場・上司の状況、自分自身の精神状態、医者の診断から、会社を退職することに決めた。退職した後は、何ヶ月か身体を休めてから就職活動を

始めた。
　現在の田口は、新しい就職先を見付けることができ仕事も上手くいっており、家族とともに元気に過ごしている。

【設問】
①このケースを読んで、あなたが問題に感じたことは、何ですか。
②山本社長が田口を所長にした判断をどのように思いますか。
③山本社長はなぜ、本村を異動させたのでしょうか。
④あなたが、もし、田口だとすれば、どうなっていたと思いますか。
⑤あなたは、このケースから、管理や組織の問題として何を学ぶことができましたか。
⑥このケースについて、あなたの友達やすでに仕事をしている先輩などと話し合ってください。

ケース8：居酒屋ヨウコウ

❶登場人物
　店員：比嘉学（33歳）
　　平成14年3月に、岐阜県の工業高校を卒業
　　平成14年4月に、愛知県の車業界の会社に就職
　　平成18年4月に、愛知県の車業界の会社を退職
　　平成18年5月に、居酒屋の正社員になる
　　平成26年3月に、居酒屋を退職
　　平成26年4月に、居酒屋ヨウコウの正社員になる

　店員：鈴木啓太（50歳）
　　平成26年4月に、居酒屋ヨウコウの正社員になる
　　高校を卒業してから、居酒屋ヨウコウの正社員になるまで、飲食店の正社員を5か所経験している

　店員：赤川良哉（39歳）
　　平成26年4月に、居酒屋ヨウコウの正社員になる
　　佐々山と中学生時代からの友人
　　店長がいない代わりに、佐々山から店全体の司令塔を任される
　　居酒屋ヨウコウの正社員になる前に、飲食店を経営していたが倒産後、愛知県で様々な店を経営している佐々山のもとで働く

　代表取締役：佐々山信夫（39歳）
　　平成7年3月に、愛知県の商業高校を卒業
　　平成7年4月に、愛知県の車業界の会社に就職
　　平成17年3月に、愛知県の車業界の会社を退職
　　平成17年9月に、株式会社を設立し、飲食店を経営する
　　飲食店経営に成功し、コンビニエンスストア、ラーメン屋などの経営にも挑戦
　　平成26年4月に居酒屋ヨウコウの経営を始める

アルバイト：浜崎満（40歳）
　平成6年3月に、愛知県の工業高校を卒業
　平成6年4月に、愛知県の車業界の会社に入社し、現在も勤務している
　平成27年6月に、副業として、居酒屋ヨウコウにアルバイト入社
　居酒屋ヨウコウでアルバイトをする前にも、副業として飲食店のアルバイト経験がある

❷勤務状況
　営業時間はPM5:00からAM2:00、金曜日、土曜日はPM5:00からAM 4:00である。
　社員の勤務時間は基本的にPM4:00からAM3:00だが、金曜日、土曜日は早めに出勤することもあり、退勤はAM5:00を過ぎることもあった。
　店は不定休で、月に1、2回店を休みにしている。
　社員の福利厚生は月5日休み、シフト制、有給あり。出勤中の休憩はない。その代わりに、社員同士交代で好きな時間に煙草を吸いに外へ出ること、いつでも携帯電話を使用することを許可されている。
　社員の人数は（代表取締役佐々山を除く）3名、アルバイト15名で店を回している。

❸比嘉のスカウト
　比嘉は岐阜県出身の33歳、個人経営の居酒屋ヨウコウのオープニングから働いている2年目の社員である。地元の工業高校を卒業後、愛知県の車業界のある会社の現場で働いていたが、毎日のライン作業にやりがいを見出せなくなり4年で退職した。その後お酒が好きという理由で、居酒屋の社員として働いた。務めて8年目になる頃に、店の常連だった佐々山に「1年後に居酒屋を出店する。君は居酒屋の料理に詳しいだろう。ぜひ一緒に働かないか。」とスカウトされたので退職し、現在の職に就いた。

❹店の現状
　店は、店長は不在で、居酒屋ヨウコウの代表取締役社長は比嘉の前の居酒屋の常連客だった佐々山である。佐々山は居酒屋ヨウコウだけではなくコンビニエンスストア、ラーメン屋などの経営もしている。以前は居酒屋ヨウコウに店長がいた。店長は居酒屋ヨウコウだけではなくコンビニエンスストアの店長も掛け持ちさせられていた。朝昼はコンビニエンスストア、夜は居酒屋ヨウコウという1日20時間近い労働に疲れて辞めてしまった。そのまま代わりの店長

がみつからず居酒屋ヨウコウは店長不在になってしまった。
　店長はいないが、佐々山は社員の赤川を店全体の司令塔にした。理由は赤川もオープニングスタッフということと、佐々山と赤川が中学生時代からの友人で信頼関係があるからだ。
　赤川は自分の仕事が終わると他のメンバーが仕事をしているにも関わらず、よくスマートフォンをいじっている。社員は長時間労働で休憩時間もまともにないのでスマートフォンを仕事中に使って良いルールではあるが、赤川の勤務態度はアルバイトにとってあまり良い印象とは言えない。
　社員の鈴木は最年長で飲食店の料理人経験が長いので、居酒屋ヨウコウで1年目だが料理長を務めている。
　今まで数人程、居酒屋ヨウコウの社員として入社してきた者たちもいた。しかし新しい社員はほとんどが労働環境や共に働いている比嘉、赤山、鈴木との人間関係に不満を抱き1ヶ月も経たずに辞めていった。半年働いていた者が1名、1年働いた者が2名いた。誰もが居酒屋ヨウコウよりも労働環境の良い職場を求め辞めていった。結局今でも残っている社員は比嘉、赤川、鈴木の3人だけである。3人は主にキッチンを担当し、ホールはアルバイトを中心に回している。比嘉は、自分の立場は社員の中でも低いと自覚していた。
　アルバイトのメンバーは、主婦、社会人（副業）、大学生に分類している。大学生は部活動と両立している人が半数を占め、なかなか出勤できる人がいないので店は常に人手が足りていない状況である。しかしアルバイトの3分の1が社員並みの仕事ができ、社員と店を回していく主要戦力である。
　いつもお店は楽しく営業しているように見えたが、比嘉は居酒屋ヨウコウの経営の仕方について、アルバイトは仕事内容や社員に不満を抱いている。普段はその不満を口にすることなく仕事をしている。忙しい時は比嘉と鈴木が喧嘩をし、店全体が悪い空気になることも多々あったがアルバイトは面倒なことに巻き込まれないように上手くあしらっていた。

❺衝突
　ある定休日、比嘉とアルバイトの仲間10名で飲み会をした。他の社員は参加していない。皆お酒が入っていて大いに盛り上がった。しかし社会人20年目だが副職としてアルバイトをして、仕事もでき、アルバイト仲間からも頼られている浜崎の何気ない一言で比嘉と浜崎が口喧嘩をしてしまった。
　浜崎：「店長がいないって、やばくないですか？」

比嘉：「そうだよね。わかっているけど上が動こうとしないからね。」
浜崎：「意味がわからないですね。社員の人は料理しているからお客さんのクレーム受けることないからいいですよね。お客さんに料理の提供が遅くて、上の奴出せって言われる時も、社員は料理を作っていることを理由に厄介なことは全部アルバイトに任せますもんね。この店にはマニュアルがないのだから、そういう時に店長がいないと困る。もう比嘉さんが店長になればいいじゃないですか。」
比嘉：「うーん。こっちも大変なのだよ。それに店長になるつもりはないよ。ただでさえ労働時間が長いのに、これ以上働くのは嫌だな。」
浜崎：「もっとやる気を出して下さいよ！ 比嘉さんを筆頭にもっと店を良くしていきましょう。現状の居酒屋ヨウコウのままではアルバイトは不満ばかりで、皆辞めてしまいますよ。社員だけじゃ店は回らないでしょう。」
比嘉：「俺だって何か店の改善案をみつけたら代表（佐々山）や赤川さんに報告・提案しているよ。でも俺が意見したところで無視される。そりゃ、こっちだってやる気無くすよ！」

他のアルバイトたちはその様子を肯定も否定もせず、ただ見ていることしかできなかった。そして飲み会は気まずい空気で解散した。

❻その後
　次の日、比嘉は「昨日は言い過ぎた。」と心の中で反省をし、いつも通り出勤した。

【設問】
①このケースの問題点をあげて下さい。
②比嘉と浜崎が喧嘩した後、比嘉はどのように行動するべきでしたか。
③店の継続のために何をしていくべきですか。
④この店の代表取締役の経営について、どう考えますか。
⑤このケースを読んで、あなたが問題に感じたことは、何ですか？
⑥あなたは、このケースから、管理や組織の問題として何を学ぶことができましたか？
⑦このケースについて、あなたの友達やすでに仕事をしている先輩など
　合ってください。そしてそこから教えられたことについて述べて

執筆者紹介（*は編者）

髙木　直人* （たかぎ　なおひと）：第1～3講、第6・12・15講，資料
　名古屋学院大学商学部 教授　修士（経営学）

岩出　和也 （いわで　かずや）：第4・7・9講
　名古屋学院大学商学部 講師　博士（経済学）

杉浦　礼子 （すぎうら　れいこ）：第5講
　名古屋学院大学商学部 准教授　博士（学術）

岡本　純 （おかもと　じゅん）：第8講
　名古屋学院大学商学部 教授　経営学修士（MBA）

濵　満久 （はま　みつひさ）：第10講
　名古屋学院大学商学部 准教授　博士（商学）

岡田　一範 （おかだ　かずのり）：第11講
　高田短期大学キャリア育成学科 講師　修士（商学）

江利川　良枝 （えりかわ　よしえ）：第13講
　名古屋学院大学商学部 講師　修士（教育ファシリテーション）

豊岡　博 （とよおか　ひろし）：第14講
　名古屋学院大学商学部 准教授　修士（商学）

編者紹介
髙木直人（たかぎ　なおひと）
1965 年　　滋賀県に生まれる
最終学歴　九州産業大学大学院経営学研究科博士後期課程
現　在　　名古屋学院大学商学部 教授「経営学総論」担当
主な著書　髙木直人編著『経営学入門』五絃舎、2014 年
　　　　　今光俊介・髙木直人編著『現代経営学講義』五絃舎、2015 年

経営学へのご招待

2017 年 9 月 10 日　第 1 刷発行

編著者：髙木直人
発行者：長谷　雅春
発行所：株式会社五絃舎
　　　　〒173-0025　東京都板橋区熊野町 46-7-402
　　　　Tel & Fax：03-3957-5587
　　　　e-mail：h2-c-msa@db3.so-net.ne.jp
組　版：Office Five Strings
印　刷：モリモト印刷
ISBN978-4-86434-075-5
©2017　Printed in Japan